EXERCICES

DE

CALCUL MENTAL

ET DE

CALCUL ÉCRIT,

A L'USAGE DES CLASSES ÉLÉMENTAIRES

DES ÉCOLES CHRÉTIENNES.

Manuel de l'élève.

LIÉGE,
H. DESSAIN, IMPRIMEUR-LIBRAIRE,
RUE TRAPPÉ.

1866.

EXERCICES

DE

CALCUL MENTAL

ET DE

CALCUL ÉCRIT

A L'USAGE DES CLASSES ÉLÉMENTAIRES

DES ÉCOLES CHRÉTIENNES.

Manuel de l'élève.

LIÉGE,
H. DESSAIN, IMPRIMEUR-LIBRAIRE,
RUE TRAPPÉ.

1866.

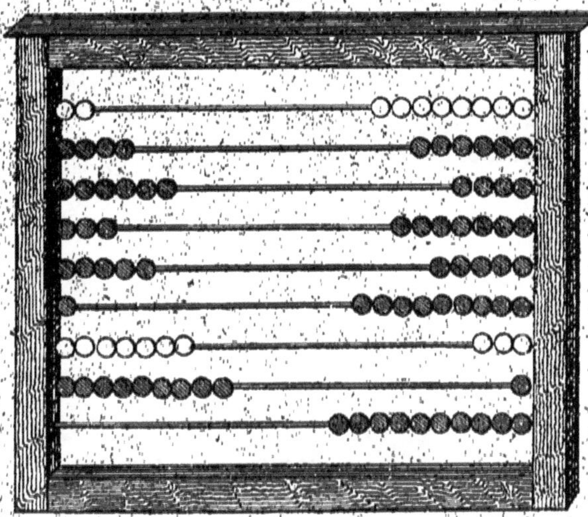

Boulier

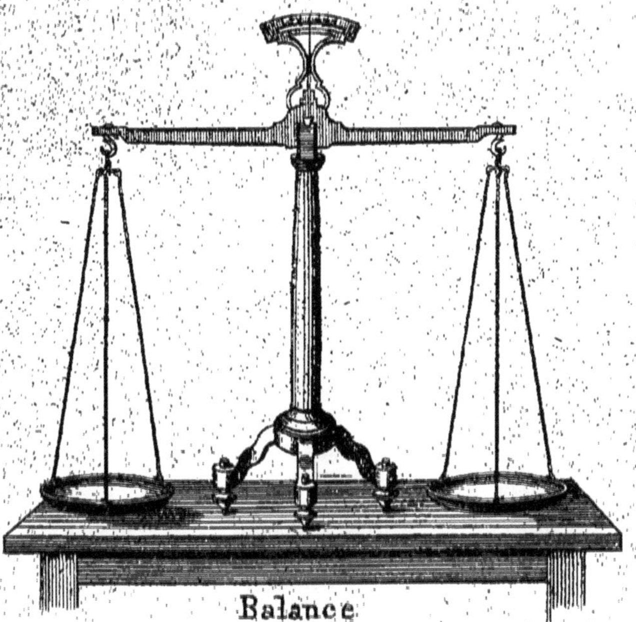

Balance

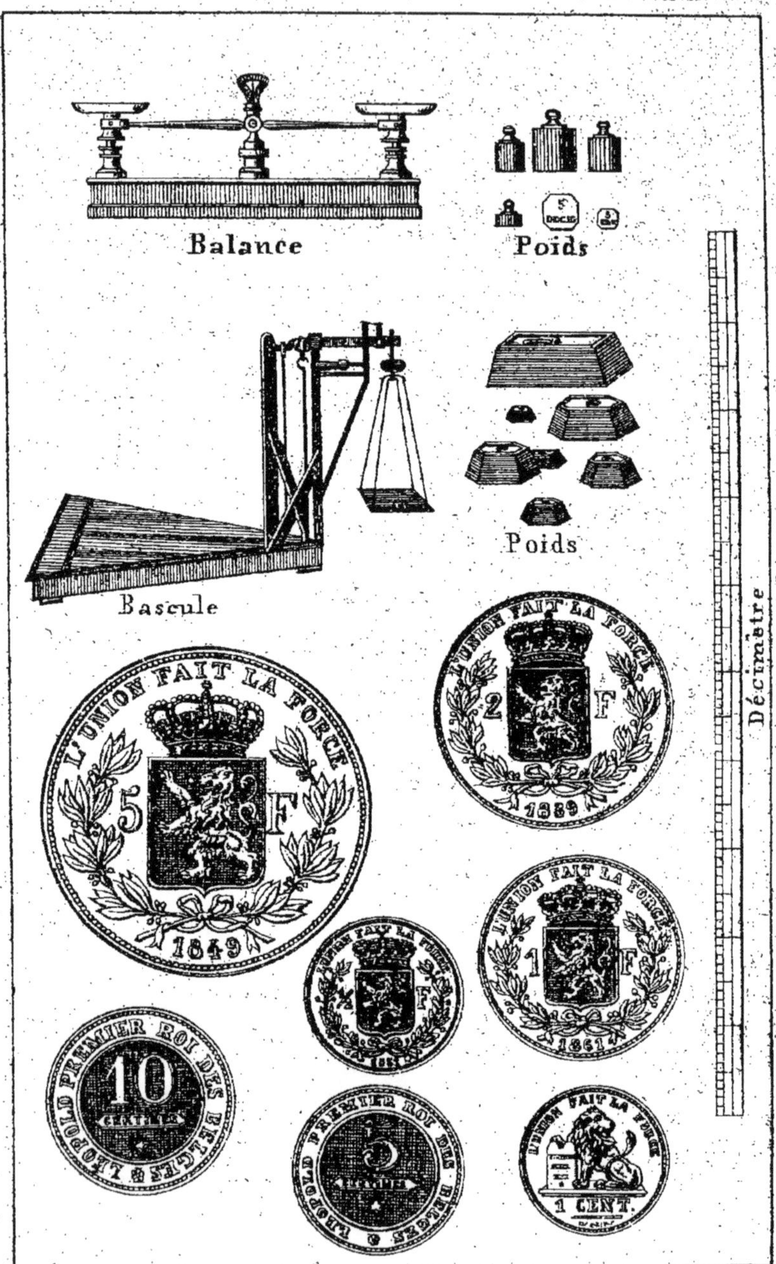
Balance
Poids
Bascule
Poids
Décimètre
L'UNION FAIT LA FORCE
5 F
1849
L'UNION FAIT LA FORCE
2 F
1839
L'UNION FAIT LA FORCE
1 F
1861
LEOPOLD PREMIER ROI DES BELGES
10
CENTIMES
LEOPOLD PREMIER ROI DES BELGES
5
L'UNION FAIT LA FORCE
1 CENT.

TABLE DES MATIÈRES.

CHAPITRE PREMIER.

CHAPITRE DEUXIÈME.

CHAPITRE TROISIÈME.

CHAPITRE QUATRIÈME.

LES OPÉRATIONS FONDAMENTALES SUR LES NOMBRES DE A 1 000 000.

EXERCICES

DE CALCUL MENTAL

ET

DE CALCUL ÉCRIT.

CHAPITRE PREMIER.

EXERCICES D'ADDITION ET DE SOUSTRACTION SUR LES VINGT PREMIERS NOMBRES.

§ 1. Nombres de 1 à 10.

— 1. —

I	+ I = II	III	+ I = IIII
II	+ I =	II	+ I =
III	+ I =	IIII	+ I =
IIII	+ I =	I	+ I =
IIIII	+ I =	IIIII I	+ I =
IIIII I	+ I =	IIIII III	+ I =
IIIII II	+ I =	IIIII	+ I =
IIIII III	+ I =	IIIII IIII	+ I =
IIIII IIII	+ I =	IIIII II	+ I =

— 2. —

II	— I = I	IIII	— I = III
III	— I =	II	— I =
IIII	— I =	III	— I =
IIIII	— I =	IIIII I	— I =
IIIII I	— I =	IIIII III	— I =
IIIII II	— I =	IIIII II	— I =
IIIII III	— I =	IIIII	— I =
IIIII IIII	— I =	IIIII IIIII	— I =
IIIII IIIII	— I =	IIIII IIII	— I =

— 3. —

I	+ II = III	IIIII	+ II = IIIII II
II	+ II =	I	+ II =
III	+ II =	IIII	+ II =
IIII	+ II	II	+ II
IIIII	+ II	IIIII II	+ II
IIIII I	+ II	III	+ II
IIIII II	+ II	IIIII III	+ II
IIIII III	+ II	IIIII I	+ II

— 4. —

III	— II = I	IIIII	— II = III
IIII	— II =	IIIII II	— II =
IIIII	— II =	IIII	— II =
IIIII I	— II	IIIII I	— II
IIIII II	— II	III	— II
IIIII III	— II	IIIII IIII	— II
IIIII IIII	— II	IIIII IIIII	— II
IIIII IIIII	— II	IIIII III	— II

— 5. —

I	+ III = IIII	II	+ III = IIIII
II	+ III =	I	+ III =
III	+ III	IIII	+ III
IIII	+ III	IIIII	+ III
IIIII	+ III	III	+ III
IIIII I	+ III	IIIII II	+ III
IIIII II	+ III	IIIII I	+ III

— 6. —

IIII	— III = I	IIIII	— III = II
IIIII	— III =	IIIII II	— III =
IIIII I	— III	IIIII I	— III
IIIII II	— III	IIII	— III
IIIII III	— III	IIIII IIIII	— III
IIIII IIII	— III	IIIII IIII	— III
IIIII IIIII	— III	IIIII III	— III

— 21. —

IIIII III + IIIII =	XI + IIIII =
IIIII IIII + IIIII =	XIII + IIIII =
X + IIIII	IIIII III + IIIII
XI + IIIII	IIIII I + IIIII
XII + IIIII	XII + IIIII
XIII + IIIII	XIIIII I + IIIII
XIIII + IIIII	XIIII + IIIII
XIIIII + IIIII	XI + IIIII

— 22. —

XIIII — IIIII =	XI — IIIII =
XIIIII — IIIII =	XIIIII I — IIIII =
XIIIII I — IIIII	XII — IIIII
XIIIII II — IIIII	XIIIII III — IIIII
XIIIII III — IIIII	XIII — IIIII
XIIIII IIII — IIIII	XIIIII IIII — IIIII
XIIIII IIIII — IIIII	XIIII — IIIII

— 23. —

X = IIIII I + IIII	IIIII IIII = XII — III
XI = IIIII III +	XI = XIII —
XII = X +	IIIII II = XI —
XIIII = IIIII IIII +	IIIII = X —
XIIIII I = XIII +	IIIII III = XII —
XIII = XI +	XIII = XIIIII —

— 24. —

IIIII III + III = XII — I	XIIIII — III = X + II
IIIII II + I = X —	X — II = IIII +
XIIII + II = XI +	IIIII I + II = XI —
IIIII IIII + II = XIII —	IIIII II + III = XII —
XIIIII I — III = XI +	XI — IIII = X —
XIII — IIII = X —	IIIII IIII + III = XIIII —

— 25. —

III+II+II+ II+ II+ II+ II+II+II =XIIIII IIII
IIII+ I+II+ I+III+ II+IIII+ I+II =
XIIIII IIIII—II—II—II—II—II—II—II =
XIIIII IIII—I—III—II—III—IIII—I—III=
IIIII I+IIII—II+III—III+IIII—II—III =
XIIIII IIIII—IIII—III+IIIII—II+III—IIII=

§ III. Emploi des chiffres.

26.— Faites les exercices suivants :

I	= 1	III	= 3
II	= 2	IIIII	=
III	= 3	IIIII II	=
IIII	= 4	IIII	=
IIIII	= 5	IIIII I	=
IIIII I	= 6	II	=
IIIII II	= 7	I	=
IIIII III	= 8	IIIII IIIII	=
IIIII IIII	= 9	IIIII IIII	=
IIIII IIIII	= 10	IIIII III	=

Les signes 1, 2, 3, 4, 5, 6, 7, 8, 9, 0, sont appelés *chiffres*.

Le chiffre 0 porte le nom de *zéro*.

— 27. —

Écrivez les nombres : 4, 7, 9, 3, 8, 5, 10, 2, 6, 1, 8, 5, 3, 9, 7, 10, 4, 6, au moyen de traits, de cette manière : 4 = IIII, etc.

— 28. —

Écrivez en chiffres les nombres suivants : III, IIIII II, IIIII I, II, IIIII III, IIIII, IIIII IIII, I, IIIII IIIII, IIII, trois, sept, quatre, huit, un, cinq, neuf, six, deux, dix. Exemple : III = 3.

29. — Ajoutez :

2 à 3, 7, 5, 4, 8, 6, 2, 7, 6, 5, 8, 3, 6, 7.
3 à 2, 5, 7, 6, 4, 3, 1, 7, 5, 6, 4, 3, 1, 2.
4 à 3, 5, 4, 2, 6, 5, 3, 6, 2, 5, 3, 1, 4, 5.
5 à 1, 4, 3, 2, 5, 4, 2, 1, 3, 4, 2, 5, 4, 3.

Exemple : 3+2 = III+II = 5 ;
7+2 = IIIII II+II = 9 ; etc.

30 — Soustrayez :

2 de 5, 8, 4, 6, 3, 9, 10, 8, 5, 4, 6, 9, 10, 7.
3 de 7, 9, 8, 4, 5, 6, 9, 10, 7, 8, 10, 5, 4, 9.
4 de 6, 4, 7, 5, 10, 7. 8, 7, 6, 9, 8, 10, 5, 8.
5 de 7, 9, 5, 6, 8, 5, 8, 10, 9, 7, 6, 8, 9, 10.

Exemple : 5—2 = IIIII — II = 3;
8 — 2 = IIIII III — II = 6 ; etc.

31. — *a*) Jules a 3 pommes et Émile 4 : combien ont-ils de pommes ensemble ?

b) Joseph avait 9 prunes ; il en donne deux à son petit frère et en mange 4 : combien lui en reste-t-il encore ?

c) Alfred reçoit 2 francs de son père, 3 de sa mère, 1 de sa tante et 4 de son parrain : combien reçoit-il en tout ?

d) 3 poires, 5 pommes et 2 cerises, cela fait combien de fruits ?

e) Quel serait l'âge d'un enfant qui aurait quatre ans de moins que huit (ou 7, 9, 6, 5, 10) ans ?

f) Léon connaît 2 lettres, Jean en connaît 3 et André en connaît autant que les deux autres ensemble : combien les trois enfants ensemble connaissent-ils de lettres?

g) Quel est le nombre auquel il faut ajouter 4 unités pour faire 7 (ou 9, 6, 8, 10, 5) unités ?

32. — Faites l'exercice suivant :

X	= 1 diz. 0 unité = 10.	XIII	= 13.
XI	= 1 diz. 1 un. = 11.	XIIIII	=
XII	= 1 diz. 2 un. = 12.	XI	
XIII	= 1 diz. 3 un. = 13.	XIIII	
XIIII	= 1 diz. 4 un. = 14.	XIIIII I	
XIIIII	= 1 diz. 5 un. = 15.	XIIIII III	
XIIIII I	= 1 diz. 6 un. = 16.	XII	
XIIIII II	= 1 diz. 7 un. = 17.	XIIIII IIIII	
XIIIII III	= 1 diz. 8 un. = 18.	X	
XIIIII IIII	= 1 diz. 9 un. = 19.	XIIIII II	
XIIIII IIIII	= 2 diz. 0 un. = 20.	XIIIII IIII	

Le chiffre 1 placé à gauche d'un des chiffres 0, 1, 2, 3, 4, 5, 6, 7, 8, 9, *représente une dizaine ou dix et le chiffre* 2 *écrit à gauche de* 0 *représente* 2 *dizaines ou vingt.*

33.—Nommez les nombres : 11, 13, 15, 17, 14, 19, 16, 18, 20, 12, 17, 10, 16; puis décomposez-les en dizaines et unités, comme suit : 11 = 1 dizaine 1 unité, etc.

Ecrivez les mêmes nombres, ainsi : 11 = XI ; 13 = XIII; etc.

34.—Ecrivez en chiffres les nombres suivants : XIII, XIIIII II, XII, XI, XX, XIIIII III, XIIIII, XIIIII IIIII, XIIII, XIIIII IIII ; seize, onze, dix-huit, douze, quinze, dix-sept, treize, dix-neuf, vingt, quatorze ; 1 diz. 3 u., 1 diz. 2 u., 1 diz. 5 u., 1 diz. 7 u., 1 diz. 9 u., 1 diz. 4 u., 2 diz., 1 diz. 8 u.,

Exemple : XIII = 13, etc.

35.—La pièce de monnaie de 10 centimes se nomme *décime*. Combien y a-t-il de centimes dans 1 décime + 1, 3, 5, 2, 7, 4, 8, 6, 10, 9 centimes ?

36. — Le mètre égale 10 *décimètres*. Combien y a-t-il de décimètres dans 1 mètre + 2, 1, 3, 5, 4, 6, 9, 8, 10, 7 décimètres ?

37. — Le litre égale 10 *décilitres*. Combien y a-t-il

de décilitres dans 1 litre + 1, 3, 2, 5, 4, 7, 6, 9, 8, 10 décilitres?

38. — Un décagramme égale 10 *grammes*. Combien y a-t-il de grammes dans 1 décagramme + 2, 4, 1, 3, 6, 5, 7, 9, 8, 10 grammes?

39. — Ajoutez :

2 à 9, 8, 10, 12, 11, 13, 15, 17, 14, 16, 18.
3 à 7, 9, 8, 10, 13, 15, 17, 12, 11, 14, 16.
4 à 6, 8, 7, 9, 10, 13, 15, 14, 12, 16, 11.
5 à 7, 5, 8, 10, 9, 6, 11, 13, 15, 12, 14.
6 à 5, 7, 9, 8, 6, 10, 13, 14, 12, 11, 13.
7 à 4, 3, 5, 6, 8, 7, 9, 10, 13, 12, 11.
8 à 2, 4, 6, 3, 5, 9, 7, 12, 11, 7, 10.
9 à 3, 2, 4, 6, 7, 5, 8, 10, 9, 11, 8.

Ecrivez : 9 + 2 = XI = 11 ;
8 + 2 = X = 10 ; etc.

40. — Soustrayez, d'abord 1, puis 2, 3, 5, 4, 6, 8, 7, 9 de chacun des nombres : 12, 14, 13, 10, 11, 15, 17, 19, 16, 18, 20.

Exemple : 12 — 1 = XI = 11;
14 — 1 = XIII = 13; etc.

41. — Faites les exercices suivants :

13—3 = 10	12—3 =	17—8 =	8+5+6 =	16—7+8 =
16—3 =	15—6	14—5	13—4+5	19—5—6
19—6 =	17—8	11—6	9+6—2	15—6+5
17—4	19—5	15—7	17—8+5	18—9+6
15—2	20—2	16—9	20—6+4	15+5—7

42. — Le signe < veut dire *plus petit que*, et le signe > marque *plus grand que*. Cherchez de combien le nombre :

2 < 3, 5, 7, 4, 9, 6, 8, 10, 12, 11, 13 > 3, etc.
3 < 4, 6, 7, 5, 8, [illegible] 13, 14 > 4, id.

4< 8, 7, 6, 9, 11, 10, 12, 9, 13, 14	15> 8, etc.
5< 9, 6, 7, 8, 10, 13, 11, 14, 12, 15.	16> 9, id.
6< 8, 7, 9, 10 12, 15, 11, 13, 16, 14.	17> 8, id.
7< 9, 8, 10, 13, 15, 17, 12, 14, 11, 16	18> 9, id.
8<10, 9, 11, 15, 13, 16, 17, 12, 18, 14.	19>10, id.
9<11, 10, 15, 12, 14, 16, 18, 17, 19, 15.	20>11, id.

Exemple : 2<3 de 1 ;
2<5 de 3 ; etc.

43. — De combien 13 est-il plus grand que chacun des nombres de la 1re ligne du N° 42 ? — 14 > chaque nombre de la 2e ligne. etc. ?
Exemple : 13>3 de 10; etc.

CHAPITRE DEUXIÈME.

LES QUATRE OPÉRATIONS FONDAMENTALES SUR LES NOMBRES DE 1 A 100.

§ I. Formation, énonciation et représentation de ces nombres.

1. — Lisez l'exercice suivant :

IIIII IIIII	=	1 dizaine	=	*dix*	=	10.
1 d.+1 d.	=	2 dizaines	=	*vingt*	=	20.
2 d.+1 d.	=	3 »	=	*trente*	=	30.
3 d.+1 d.	=	4 »	=	*quarante*	=	40.
4 d.+1 d.	=	5 »	=	*cinquante*	=	50.
5 d.+1 d.	=	6 »	=	*soixante*	=	60.
6 d.+1 d.	=	7 »	=	*septante*	=	70.
7 d.+1 d.	=	8 »	=	*octante*	=	80.
8 d.+1 d.	=	9 »	=	*nonante*	=	90.
9 d.+1 d.	=	10 »	=	*cent*	=	100.

Quel rang occupe le chiffre des unités? — Où se trouvent les dizaines? — Qu'exprime le chiffre 1 suivi de deux zéros?

2. — Nommez les nombres composés de 3 diz., 5 d., 8 d., 6 d., 4 d., 10 d., 9 d., 2 d., 7 d..

Exemple : 3 d. = trente, etc.

3. — Faites les exercices suivants :

1 diz. = 10	6 diz. =	20 = 2 diz.	80 =
3 diz. = 30	8 diz. =	40 =	100 =
5 diz. =	9 diz. =	70 =	90 =
4 diz. =	7 diz. =	30 =	10 =
2 diz. =	10diz. =	60 =	50 =

4. — Combien y a-t-il de dizaines dans chacun des nombres : 40, 20, 60, 90, 70, 50, 30, 100, 50 ?

Exemple : 40 = 4 diz., etc.

5. — Un enfant a 1 dizaine de doigts : combien de doigts ont ensemble 2, 3, 4, 5, 6, 7, 8, 9, 10, 7, 4, 8, 9, 2, 6 enfants ?

6. — Un décime vaut 10 *centimes*. Combien y a-t-il de centimes dans 3, 5, 4, 5, 6, 8, 2, 9, 7, 10 décimes ?

7. — Un franc vaut 10 *décimes*. Combien y a-t-il de décimes dans 2, 4, 5, 3, 7, 6, 9, 10, 8 francs ?

8. — Un mètre égale 10 *décimètres*. Combien y a-t-il de décimètres dans 2, 3, 6, 5, 8, 7, 9, 10, 4 mètres ?

9. — Un litre égale 10 *décilitres*. Combien de décilitres valent 2, 4, 3, 6, 5, 8, 7, 9, 10 litres ?

10 — Un décagramme égale 10 *grammes*. Combien y a-t-il de grammes dans 3, 2, 5, 4, 7, 6. 9, 8 10 décagrammes ?

11. — A chacun des nombres : 10, 20, 30,..... 90, ajoutez successivement 1, 2, 3,.. 10, comme suit : 10 et 1 ou 11, 10 et 2 ou 12, 10 et 3 ou 13..... 20 et 1 ou 21, 20 et 2 ou 22,...

12. — Nommez tous les nombres de 10 à 100.

Exemple : dix, onze, etc.

Ecrivez les mêmes nombres.

Exemple : 10, 11, 12, etc.

13. — Nommez les nombres de dix à cent de cette manière : dix = 1 d. 0 unité, onze = 1 d. 1 unité, douze = 1 d. 2 unités,......

Ecrivez les mêmes nombres comme suit : 11 = 1 d. 1 u., 12 = 1 d. 2 u., 13 = 1 d. 3 u., etc.

14. — Nommez les nombres suivants :

30, 46, 20, 40, 15, 10, 34, 52, 50, 12,
48, 45, 59, 78, 63, 70, 27, 74, 80, 47,
83, 76, 92, 66, 51, 39, 69, 87, 17, 99.

15. — Dites combien il y a de dizaines et d'unités dans chaque nombre du n° précédent.
Exemple : 30 = 3 dizaines ; 46 = 4 dizaines 6 unités, etc.

16. — Nommez les nombres qui précèdent immédiatement 20, 30, 40,..... 100 ; et ceux qui suivent 9, 19,..... 99.

17. — Combien y a-t-il de centimes dans :
3 décimes + 1, 3, 4, 6, 7, 5, 2, 9, 8, 10 centimes?
7 id. + 3, 5, 7, 1, 4, 2, 9, 8, 10, 6 id. ?

18. — Combien y a-t-il de décimes dans :
4 francs + 1, 2, 4, 3, 6, 5, 8, 7, 10, 9 décimes?
8 francs + 3, 1, 2, 6, 5, 4, 9, 8, 7, 10 id. ?

19. — Combien y a-t-il de décimètres dans :
5 mètres + 1, 3, 2, 5, 4, 7, 6, 9, 8, 10 décimètres?
9 mètres + 2, 1, 4, 3, 6, 5, 8, 7, 10, 9, id. ?

20 — Ecrivez en chiffres les nombres suivants: trente-six, quarante et un, vingt-huit, seize, soixante-trois, octante et un, cinquante-quatre, nonante et un, septante-six, octante-quatre, nonante-six ; 2 diz. 3 unités, 4 d. 0 u., 8 d. 3 u., 6 d. 9 u., 5 d. 8 u., 9 d. 5 u., 7 d. 4 u., 3 d. 1 u..

Exemple : trente-six = 36; etc.

§ II. Addition et Soustraction.

21. — Ajoutez :

2 à 21, 42, 35, 54, 67, 86, 94, 27, 33.
3 à 32, 54, 46, 75, 83, 91, 60, 43, 85.
4 à 23, 61, 54, 42, 65, 93, 72. 84, 95.
5 à 41, 53, 32, 91, 73, 84, 64, 51, 70.
6 à 21, 33, 52, 31, 72, 81, 92, 70, 63.

Exemple : $21 + 2 = 23$;
$42 + 2 = 44$; etc.

22. — Soustrayez :

2 de 15, 43, 57, 38, 69, 99, 77, 88, 64.
3 de 34, 68, 45, 87, 74, 58, 39, 78, 95.
4 de 49, 75, 68, 56, 98, 74, 66, 37, 85.
5 de 27, 68, 85, 77, 48, 37, 56, 88, 57.
6 de 48, 37, 56, 88, 97, 79, 99, 66, 77.

Exemple : $15 - 2 = 13$; etc.

23. — Faites les exercices suivants :

$9 + 2 = 10 + 1$	$8 + 5 = 10 + ?$	$7 + 6 = 10 + ?$
$9 + 4 = 10 + ?$	$8 + 7 = 10 + ?$	$7 + 5 = 10 + ?$
$9 + 6 = 10 + ?$	$8 + 8 = 10 + ?$	$7 + 8 = 10 + ?$
$9 + 3 = 10 + ?$	$8 + 6 = 10 + ?$	$7 + 9 = 10 + ?$

24. — Combien font :

(*a*) 39, 69, 19, 49, 29, 59, 89, 79 + 1 ?
(*b*) 48, 18, 78, 68, 88, 28, 58, 38 + 2 ?
(*c*) 27, 67, 57, 17, 47, 77, 37. 87 + 3 ?
(*d*) 16, 36, 76, 56, 26, 66, 86, 46 + 4 ?
(*e*) 25, 55, 45, 35, 65, 15, 85, 75 + 5 ?
(*f*) 34, 64, 24, 54, 44, 84, 14, 74 + 6 ?
(*g*) 13, 53, 23, 43, 63, 33, 73, 83 + 7 ?
(*h*) 42, 12, 32, 22, 72, 52, 82, 62 + 8 ?
(*i*) 51, 41, 11, 31, 21, 71, 61, 81 + 9 ?
(*j*) 30, 50, 20, 40, 60, 80, 70, 90 + 10 ?

Remarquez que 9+1 = 8 + 2 = 7 + 3 = 6 + 4 = 5 + 5 = 10 ou 1 dizaine, et qu'ainsi :

39+1 = 3 d. + 1 d. = 4 d. ou 40	48+2 = 4 d. + 1 d. = 5 ou 50
69+1 = etc.	18+2 = etc.

25.—De chacun des nombres inscrits dans la ligne (j), n° 24, soustrayez 1, puis 2, 3, 4, 5, 6, 7, 8, 9, 10. — Soustrayez chaque fois 1, ou 2, 3,..... de 1 dizaine. Exemple :

30 — 1 = 2 diz. 9 un. = 29	30 — 2 = 2 diz. 8 un. = 28
50 — 1 = 4 diz. etc.	50 — 2 = etc.

26. — Ajoutez 2 à chacun des nombres inscrits dans la ligne (*a*), n° 24. — Ajoutez d'abord 1, puis encore 1 au résultat.

Exemple : 39 + 2 = 4 d. + 1 u. = 41
69 + 2 = etc.

27. — Soustrayez 2 des nombres de la ligne (*i*), n° 24. — Soustrayez d'abord 1, puis encore 1 du résultat, comme suit :

51 — 2 = 5 diz. — 1 u. = 49.
41 — 2 = etc.

28. — Ajoutez 3 aux nombres des lignes (*a*) et (*b*), (d'abord 1 ou 2, puis le reste), de cette manière :

39 + 3 = 4 d. + 2 u. = 42	48 + 3 = 5 d. + 1 u. = 51.
69 + 3 = etc.	18 + 3 = etc.

29. — Soustrayez 3 des nombres inscrits dans les lignes (*i*) et (*h*), (d'abord 1 ou 2, puis le reste).
Exemple :

51 — 3 = 5 diz. — 2 u. = 48	42 — 3 = 4 d. — 1 u. = 39.
41 — 3 = etc.	12 — 3 = etc.

30.—Ajoutez 4 aux nombres des lignes (*a*), (*b*), (*c*).
31.—Soustrayez 4 des nombres des lignes (*i*), (*h*), (*g*).
32.—Ajoutez 5 aux nombres des lignes (*a*), (*b*), (*c*), (*d*).
33.—Otez 5 des nombres des lignes (*i*), (*h*), (*g*), (*f*).
34.—Ajoutez 6 aux nombres des 5 premières lignes.
35.—Otez 6 des nombres des lignes (*i*), (*h*), (*g*), (*f*), (*e*).
36.—Ajoutez 7 aux nombres des six premières lignes.
37.—Otez 7 des nombres des lignes de (*i*) à (*d*).
38.—Ajoutez 8 aux nombres des lignes de (*a*) à (*g*).

39. — Otez 8 des nombres des lignes de (*i*) à (*c*).
40. — Ajoutez 9 aux nombres des lignes de (*a*) à (*h*).
41. — Otez 9 des nombres des lignes de (*i*) à (*b*).
42. — Ajoutez 10 aux nombres des lignes de (*a*) à (*i*).
43. — Otez 10 des nombres des lignes de (*i*) à (*a*).

44. — Continuez (d'abord de vive voix, puis par écrit) les exercices suivants, ajoutant ou soustrayant chaque fois 2 :

1, 3, 5, 7, 9, 11,..... 99	100, 98, 96, 94,..... 2.
2, 4, 6, 8, 10, 12,..... 100	99, 97, 95, 93,..... 1.

45. — Continuez les exercices suivants, ajoutant ou soustrayant chaque fois 3 :

1, 4, 7, 10, 13,..... 100	99, 96, 93, 90,..... 3.
3, 6, 9, 12, 15,..... 99	98, 95, 92, 89,..... 2.
2, 5, 8, 11, 14,..... 98	100, 97, 94, 91,..... 1.

46. — Continuez les exercices suivants :

1, 5, 9, 13, 17,..... 97	100, 96, 92,..... 4.
4, 8, 12, 16, 20,..... 100	98, 94, 90,..... 2.
3, 7, 11, 15, 19,..... 99	97, 93, 89,..... 1.
2, 6, 10, 14, 18,..... 98	99, 95, 91,..... 3.

47. — Continuez de même :

1, 6, 11, 16,..... 96	100, 95, 90,..... 5.
3, 8, 13, 18,..... 98	97, 92, 87,..... 2.
2, 7, 12, 17,..... 97	99, 94, 89,..... 4.
4, 9, 14, 19,..... 99	96, 91, 86,..... 1.
5, 10, 15, 20,..... 100	98, 93, 88,..... 3.

48. — Continuez le même exercice avec 6, en partant successivement de 1, de 2 4, 6, 5, 3 pour l'addition, et de 100, 98, 96, 99, 95 97 pour la soustraction.

49. — Faites de semblables exercices avec 7, depuis 1, 4, 3, 2, 6, 5, 7 en montant, et depuis 100, 99, 98, 97, 96, 95, 94 en descendant.

50. — Même exercice avec 8, depuis 1, 3, 6, 8, 4, 7, 5, 2 en montant, et depuis 97, 99, 95, 100, 98, 96, 94, 93 en descendant.

51. — Même exercice avec 9, depuis 3, 6, 9, 1, 4,

7, 2, 5, 8 en montant, et depuis 99, 96, 93, 98, 95, 92, 100, 97, 94 en descendant.

52. — Quel est le résultat de chacune des lignes suivantes :

35 + 4 + 9 + 6 + 5 + 2 + 7 + 8 + 4 + 7 + 9 ?
99 — 6 — 5 — 4 — 9 — 3 — 8 — 2 — 7 — 8 — 2 ?
87 — 8 + 9 — 2 — 4 + 7 — 6 — 7 — 10 + 3 — 8 ?
93 — 3 — 7 + 8 — 4 — 9 + 5 — 6 + 3 — 8 — 5 ?
86 — 6 — 6 + 4 + 4 — 9 — 7 + 3 + 8 — 7 — 7 ?

53. — *a*) Jules a 35 centimes. S'il reçoit encore 8 centimes, combien en aura-t-il ?

b) Jean avait 56 noix ; il en a donné 9 : combien lui en reste-t-il ?

c) Louis a écrit 15 lignes, Charles en a écrit 8 et André 9 : combien ont-ils écrit de lignes en tout ?

d) Une ménagère a acheté pour 27 francs de viande, pour 8 frs. de beurre, pour 4 frs. de café et pour 2 frs. de lait : combien a-t-elle déboursé ?

e) Il y avait 57 volumes dans une bibliothèque. Après en avoir ôté d'abord 9, puis encore 7, combien en reste-t-il ?

f) De 50 centimes François a donné 5 centimes à un pauvre, puis il en a reçu 8 de son père : combien a-t-il maintenant ?

g) Quelqu'un a payé 48 fr. pour un habit et 9 fr. pour un chapeau : combien l'habit coûte-t-il de plus que le chapeau ?

h) Un écolier, après avoir dépensé 10 centimes pour des plumes, 7 centimes pour un crayon et 9 centimes pour un cahier, conserve encore 67 centimes dans sa bourse : combien avait-il avant le premier achat ?

i) Un ouvrier gagne par semaine 19 francs, son fils 8 fr. et sa fille 5 fr. S'ils épargnent ensemble 6 fr. chaque semaine, combien dépensent-ils ?

j) De 8 mètres de ficelle on a coupé 9 décimètres : qu'en reste-t-il ?

k) De 9 litres 4 décilitres d'eau que contenait un vase, on a pris 8 décilitres : que reste-t-il dans le vase ?

l) On a ôté 9 unités d'un nombre, et il en reste encore 74 — 8 : quel était ce nombre ?

m) De 83 poires contenues dans un panier, on a pris successivement 6, 8, 7, 5, 4 poires ; combien en reste-t-il encore ?

§ III. Multiplication et division.

A. Par 2.

54. — Combien de crayons font :

1 cr. + 1 cr. ou 2 fois 1 c. ?	6 cr. + 6 cr. ou 2 fois 6 c. ?
2 cr. + 2 cr. ou 2 fois 2 c. ?	7 cr. + 7 cr. ou 2 fois 7 c. ?
3 cr. + 3 cr. ou 2 fois 3 c. ?	8 cr. + 8 cr. ou 2 fois 8 c. ?
4 cr. + 4 cr. ou 2 fois 4 c. ?	9 cr. + 9 cr. ou 2 fois 9 c. ?
5 cr. + 5 cr. ou 2 fois 5 c. ?	10 cr. + 10 cr. ou 2 fois 10 c. ?

55. — Combien font :

2 fois 3 pommes ?	2 fois 7 oranges ?	2 fois 6 gramm
2 fois 5 billes ?	2 fois 6 mètres ?	2 fois 10 litres ?
2 fois 8 doigts ?	2 fois 4 couteaux ?	2 fois 9 livres ?

56. — Retenez bien ce qui suit :

2 fois 1 = 1 + 1 = 2	2 fois 6 = 6 + 6 = 12
2 fois 2 = 2 + 2 = 4	2 fois 7 = 7 + 7 = 14
2 fois 3 = 3 + 3 = 6	2 fois 8 = 8 + 8 = 16
2 fois 4 = 4 + 4 = 8	2 fois 9 = 9 + 9 = 18
2 fois 5 = 5 + 5 = 10	2 fois 10 = 10 + 10 = 20

57. — Cherchez les résultats suivants :

2 fois 5 = 10	2 fois 4 =	2 fois 3 + 7 = 13	2 fois 8 + 5 + 6
2 fois 3 =	2 fois 8 =	2 fois 5 + 9 =	2 fois 7 — 8 — 4
2 fois 6 =	2 fois 10 =	2 fois 9 — 6	2 fois 9 + 4 — 7
2 fois 9 =	2 fois 7 =	2 fois 8 — 7	2 fois 7 — 5 + 9

58. — *a*). Un ouvrier gagne par semaine 19 francs ; il en dépense 10 : combien aura-t-il économisé . 1° Au bout d'une semaine ? 2° Au bout de deux semaines ?

b). La pièce d'un franc pèse 5 grammes. Combien pèseront deux pièces d'un franc ?

c). Deux frères ont chacun 8 (7, 9, 6) noix : combien en ont-ils ensemble ? — 2 fois 7 décilitres font combien de litres et de décilitres ?

59. — 8 crayons font 2 fois combien de crayons ? Pourquoi cela ? 10 plumes (ou 16, 12, 18, 14, 20) plumes font 2 fois combien de plumes ? — 14 (ou 18, 12, 8, 20, 16) est 2 fois quel nombre ? Quel nombre pris 2 fois donne 18 (ou 20, 16, 14, 6, 12) ?

60. — De 6 pommes on a fait 2 parts égales ou *moitiés* : quelle est chaque moitié ?

Dites : 6 pommes = 3 p. + 3 p. = 2 fois 3 p. ; ainsi chaque moitié de 6 p. = 3 pommes. — Cherchez de la même manière chaque moitié de 2, 4, 6, 8, 10, 12, 14, 16, 18, 20 pommes.

61. — Quel est le nombre dont 3 est la moitié ? — Dites : 2 fois 3 = 6 ; donc 3 est la moitié de 6. — Cherchez ainsi le nombre dont 5 (ou 2, 3, 5, 8, 7, 6, 10, 9) est la moitié.

4 (ou 6, 8, 9 mètres sont la moitié de... ?

6 (ou 5, 3, 7) décilitres sont la moitié de... ?

62. — La $\frac{1}{2}$ signifie *la moitié*. Quelle est :

La $\frac{1}{2}$ de 8 noix ?	la $\frac{1}{2}$ de 20 grammes ?
la $\frac{1}{2}$ de 16 centimes ?	la $\frac{1}{2}$ de 1 mètre 8 décimètres ?
la $\frac{1}{2}$ de 14 plumes ?	la $\frac{1}{2}$ de 1 litre 6 décilitres ?
la $\frac{1}{2}$ de 12 bons points ?	la $\frac{1}{2}$ de 1 franc 2 décimes ?
la $\frac{1}{2}$ de 10 grammes ?	la $\frac{1}{2}$ de 1 décime 4 centimes ?

63. —

$\frac{1}{2}$ de 6 = 3	$\frac{1}{2}$ de 12 =	$\frac{1}{2}$ de 14 =	$\frac{1}{2}$ de 18 =
$\frac{1}{2}$ de 10 =	$\frac{1}{2}$ de 8	$\frac{1}{2}$ de 20 =	$\frac{1}{2}$ de 14
$\frac{1}{2}$ de 4 =	$\frac{1}{2}$ de 16	$\frac{1}{2}$ de 10	$\frac{1}{2}$ de 16

64. —

2 fois 6 + 2 fois 5 = 22	$\frac{1}{2}$ de 16 + $\frac{1}{2}$ de 12
2 fois 8 — 2 fois 3 =	$\frac{1}{2}$ de 18 — $\frac{1}{2}$ de 10
2 fois 7 + $\frac{1}{2}$ de 16 =	$\frac{1}{2}$ de 20 + $\frac{1}{2}$ de 14+8
2 fois 8 — $\frac{1}{2}$ de 14 =	$\frac{1}{2}$ de 18 + $\frac{1}{2}$ de 6—9

65. — *a*) Eugène a donné 10 centimes pour 2 poires : que coûte chaque poire ?

b) Deux frères se sont partagé également 18 noisettes : quelle est la part de chacun d'eux ?

c). Deux objets font une paire : combien 8 (ou 12, 16, 14, 10, 18, 6, 20) objets font-ils de paires ?

d). Charles me donne la moitié de ses billes. Si je les ajoute aux 37 autres que j'avais déjà, j'aurai en tout 46 billes. Combien Charles m'en a-t-il donné ; et combien en avait-il au commencement ?

66. — Le nombre 12 peut-il être partagé juste en deux parties égales ? Quelles sont ces 2 parties ? — Nommez les nombres de 1 à 20 qu'on peut partager juste en 2 parties égales. — De pareils nombres s'appellent nombres *pairs*. — Un nombre qui ne peut être partagé en 2 parties égales est appelé nombre *impair*. — Nommez les nombres impairs de 1 à 20.

B. Multiplication et division par 3.

67. — Combien de boules font :

2 fois 1 b. + 1 b. ou 3 f. 1 b. ?	2 fois 6 b. + 6 b. ou 3 f. 6 b.?
2 fois 2 b. + 2 b. ou 3 f. 2 b. ?	2 fois 7 b. + 7 b. ou 3 f. 7 b.?
2 fois 3 b. + 3 b. ou 3 f. 3 b. ?	2 fois 8 b. + 8 b. ou 3 f. 8 b.?
2 fois 4 b. + 4 b. ou 3 f. 4 b. ?	2 fois 9 b. + 9 b. ou 3 f. 9 b.?
2 fois 5 b. + 5 b. ou 3 f. 5 b. ?	2 fois 10 b. + 10 b. ou 3 f. 10 b.?

Combien font 3 fois 5 pommes ? Pourquoi cela ? — Combien font 3 fois 5 doigts ? — 3 fois 8 écoliers ? — 3 fois 9 plumes ?

68. — Retenez bien ceci :

3 fois 1 = 3	3 fois 6 = 18
3 fois 2 = 6	3 fois 7 = 21
3 fois 3 = 9	3 fois 8 = 24
3 fois 4 = 12	3 fois 9 = 27
3 fois 5 = 15	3 fois 10 = 30

69. — Faites les exercices suivants :

3 fois 4 = 12	3 fois 7 + 6 =
3 fois 6 =	3 fois 9 — 8 =
3 fois 8 =	3 fois 6 + 2 fois 4
3 fois 5	3 fois 4 — 2 fois 5
3 fois 3	3 fois 8 + 3 fois 2
3 fois 9	3 fois 10 — 3 fois 3
3 fois 6	3 fois 5 + 3 fois 1 + 7
3 fois 10	3 fois 9 + 2 fois 4 — 8
3 fois 7	3 fois 7 — 2 fois 3 — 9

70. — *a*) Dans une famille, on mange 7 kilogrammes de pain par jour : combien en mangera-t-on en 3 jours ?

b) Dans une longueur de 3 fois 9 décimètres, combien y a-t-il de mètres et de décimètres ?

c) Alfred a donné 8 noix à chacun de ses 3 amis, et il lui reste 9 noix : combien en avait-il ?

d) Paul dit à son ami : Si tu me prêtais 7 centimes, je pourrais donner 6 centimes à chacun de ces 3 pauvres : combien Paul a-t-il de centimes ?

71. — *a*) 12 boules font 3 fois combien de boules ?

b) 6 (ou 15, 9, 18, 27, 21) pommes font 3 fois combien de pommes ?

c) Quel nombre, pris 3 fois, donne 15 (ou 9, 21, 30, 24, 18, 27) ?

72. — De ces 12 crayons, faites 3 parts égales, appelées *tiers* : quelle est chaque part ou tiers ? — Cherchez de même le tiers de 3, de 6, 9, 12, 15, 18, 21, 24, 27, 30 plumes.

73. — Quel est le nombre dont 2 (ou 3, 5, 4, 6, 8, 7, 9, 10) est le tiers ? Dites : 3 fois 2 = 6 ; ainsi 2 est le tiers de 6, etc.

74. — Quel est le tiers de 6 pommes ? — de 12 plumes ? — de 18 noix ? — de 27 prunes ? — de 15 cahiers ? — de 21 boules ?

75. — Le $\frac{1}{3}$ signifie *le tiers*.

Le $\frac{1}{3}$ de 15 = 5	le $\frac{1}{3}$ de 18 + 4 = 10	3 fois 3 + le $\frac{1}{3}$ de 6 =
le $\frac{1}{3}$ de 12 =	le $\frac{1}{3}$ de 15 + 7 =	3 fois 9 — le $\frac{1}{3}$ de 21
le $\frac{1}{3}$ de 18	le $\frac{1}{3}$ de 27 + 5	le $\frac{1}{3}$ de 27 + 3 fois 3
le $\frac{1}{3}$ de 9	le $\frac{1}{3}$ de 18 + 3	la $\frac{1}{2}$ de 24 — 3 fois 2
le $\frac{1}{3}$ de 21	le $\frac{1}{3}$ de 24 — 5	2 fois 8 + le $\frac{1}{3}$ de 12 + 7
le $\frac{1}{3}$ de 6	le $\frac{1}{3}$ de 12 — 1	3 fois 7 — la $\frac{1}{2}$ de 14 + 8
le $\frac{1}{3}$ de 24	le $\frac{1}{3}$ de 30 — 8	3 fois 8 — le $\frac{1}{3}$ de 12 + 9
le $\frac{1}{3}$ de 30	le $\frac{1}{3}$ de 9 — 2	le $\frac{1}{3}$ de 15 + le $\frac{1}{3}$ de 9 + 6
le $\frac{1}{3}$ de 27	le $\frac{1}{3}$ de 27 — 7	la $\frac{1}{2}$ de 18 + le $\frac{1}{3}$ de 18 — 5

76. — *a*) Quel est le tiers de 2 francs 4 décimes ? — de 1 mèt. 8 décim. ? — De 1 litre 5 décil. ? — De 2 décagrammes 7 grammes ?

b) Auguste a payé 3 décimes pour 3 oranges : combien de centimes a coûté chaque orange ?

c) Si Charles avait gagné 5 bons points de plus, il en aurait gagné 3 fois 8 : combien en a-t-il gagné ?

d) Alfred dit à Eugène, qui avait obtenu 12 bonnes notes : le $\frac{1}{3}$ des miennes égale la $\frac{1}{2}$ des tiennes : combien en ai-je obtenu ?

C. Multiplication et division par 4.

77. — Combien de boules font :

3 fois 1 b. + 1 b. ou 4 f. 1 b. ?	3 fois 6 b. + 6 b. ou 4 f. 6 b.?
3 fois 2 b. + 2 b. ou 4 f. 2 b. ?	3 fois 7 b. + 7 b. ou 4 f. 7 b.?
3 fois 3 b. + 3 b. ou 4 f. 3 b. ?	3 fois 8 b. + 8 b. ou 4 f. 8 b.?
3 fois 4 b. + 4 b. ou 4 f. 4 b. ?	3 fois 9 b. + 9 b. ou 4 f. 9 b.?
3 fois 5 b. + 5 b. ou 4 f. 5 b. ?	3 fois 10 b. + 10 b. ou 4 f. 10 b.?

Combien font 4 fois 6 cerises ? — 4 fois 7 billes ? — 4 fois 5 doigts ? — 4 fois 9 arbres ? — 4 fois 8 mètres ? — 4 fois 3 litres ? — 4 fois 10 francs ?

78. Cherchez et retenez bien les résultats suivants :

4 fois 1 = 4	4 fois 6 =	4 fois 3 =	4 fois 5 =
4 fois 2 =	4 fois 7	4 fois 6	4 fois 7
4 fois 3 =	4 fois 8	4 fois 9	4 fois 10
4 fois 4 =	4 fois 9	4 fois 2	4 fois 9
4 fois 5 =	4 fois 10	4 fois 4	4 fois 8

79. — Faites les exercices suivants :

4 fois 5 + 7 =	3 fois 7 + 6 + 3 =	4 fois 5 + 2 fois 5 =
2 fois 9 + 8	2 fois 9 — 7 — 4	4 fois 10 — 3 fois 3
4 fois 7 — 5	4 fois 8 + 9 — 10	4 fois 4 + $\frac{1}{2}$ de 16
3 fois 8 — 6	4 fois 9 — 7 + 5	4 fois 6 — $\frac{1}{3}$ de 27

80. *a*) Que coûteraient 4 mètres d'étoffe, à 6 (ou 3, 5, 4, 9, 8, 10, 7) francs le mètre ?

b) Adolphe avait des noisettes ; il en donne 6 à chacun de ses 4 frères, et mange les 7 qui lui restent encore : combien en avait-il ?

c) Une femme a 12 œufs ; elle en vend le tiers, à 7 centimes la pièce : combien reçoit-elle d'argent et combien lui reste-t-il d'œufs ?

81 — 8 (ou 12, 20, 36) centimes font 4 fois combien

de centimes ? — 28 (ou 40, 32, 16, 24) est 4 fois quel nombre ? — Quel nombre pris 4 fois donne 32 (ou 20, 24, 28, 36) ?

82. — De ces 12 boules faites 4 parts égales appelées *quarts*. Quelle est chaque part ou quart ? — Trouvez le quart de 4, 8, 12, 16, 20, 24, 28, 32, 36, 40 bons points ?

83. — De quel nombre 2 (ou 4, 3, 5, 7, 6, 9, 8, 10) est-il le quart ? — 7 (ou 9, 5, 8, 6) décimes sont le quart de... ?

84. — Le $\frac{1}{4}$ signifie *le quart*. Faites les exercices suivants :

Le $\frac{1}{4}$ de 8 = 2	le $\frac{1}{4}$ de 4 + 9 — 10	4 fois 6 + $\frac{1}{4}$ de 28 =
le $\frac{1}{4}$ de 16 =	le $\frac{1}{4}$ de 40 — 7	4 fois 9 — $\frac{1}{4}$ de 32
le $\frac{1}{4}$ de 32 =	le $\frac{1}{3}$ de 24 + 8	$\frac{1}{4}$ de 36 + 4 fois 2
le $\frac{1}{4}$ de 40	le $\frac{1}{3}$ de 27 — 5	$\frac{1}{4}$ de 20 — 4 fois 1
le $\frac{1}{4}$ de 28	la $\frac{1}{2}$ de 16 + 9	$\frac{1}{3}$ de 18 + $\frac{1}{4}$ de 24
le $\frac{1}{4}$ de 20	la $\frac{1}{2}$ de 18 — 8	$\frac{1}{4}$ de 36 — $\frac{1}{3}$ de 21
le $\frac{1}{4}$ de 12	le $\frac{1}{4}$ de 16 + 5 + 9	$\frac{1}{2}$ de 18 + $\frac{1}{3}$ de 24 + 7
le $\frac{1}{4}$ de 24	le $\frac{1}{3}$ de 21 — 5 — 2	$\frac{1}{4}$ de 40 — $\frac{1}{3}$ de 12 — 4
le $\frac{1}{4}$ de 36	la $\frac{1}{2}$ de 14 + 10 — 8	$\frac{1}{4}$ de 16 + $\frac{1}{2}$ de 18 + 3 fois 2

85. — *a*) Cherchez le quart de 3 francs 2 décimes ; — de 2 mètres 8 décimètres ; — de 3 litres 6 décil. ; — de 2 décagrammes 4 grammes.

b) Si 4 poires coûtent 8 (ou 16, 12, 20) centimes, que coûte chacune ?

c) Camille a 24 centimes ; il en donne le quart à un pauvre et achète, pour le tiers du reste un cahier : combien a reçu le pauvre, que coûte le cahier et que reste-t-il à Camille ?

D. Multiplication et division par 5.

86. — Cherchez combien de boules font :

4 fois 1 + 1 ou 5 fois 1 b.	4 fois 6 + 6 ou 5 fois 6 b.
4 fois 2 + 2 ou 5 fois 2 b.	4 fois 7 + 7 ou 5 fois 7 b.
4 fois 3 + 3 ou 5 fois 3 b.	4 fois 8 + 8 ou 5 fois 8 b.
4 fois 4 + 4 ou 5 fois 4 b.	4 fois 9 + 9 ou 5 fois 9 b.
4 fois 5 + 5 ou 5 fois 5 b.	4 fois 10 + 10 ou 5 fois 10 b.

Combien font : 5 fois 3 pommes?— 5 fois 7 centimes ? — 5 fois 9 francs ?— 5 fois 8 prunes ? — 5 fois 10 doigts?— 5 fois 6 grammes ?—

87.— Résultats à trouver et à retenir par cœur :

5 fois 1=5	5 fois 5=	5 fois 9=	5 fois 8=
5 fois 2=	5 fois 6	5 fois 10	5 fois 5
5 fois 3=	5 fois 7	5 fois 7	5 fois 10
5 fois 4	5 fois 8	5 fois 6	5 fois 9

88. — Trouvez les résultats suivants :

5 fois 9+8=53	5 fois 4+10+3=	5 fois 6+2 fois 5
5 fois 7—6=	5 fois 5—6 —9	5 fois 7—3 fois 3
4 fois 8+9	5 fois 8+5 —7	5 fois 3+$\frac{1}{4}$ de 28
3 fois 9—8	5 fois 9—8 +4	5 fois 10—$\frac{1}{3}$ de 27

89. — *a*) Combien y a-t-il de litres et décilitres dans 5 fois 7 décilitres ?

b) Dans une salle d'école il y a 5 bancs et sur chacun 6 (ou 7, 8, 9) enfants : combien y a-t-il d'enfants dans cette école ?

c) A combien reviennent 2 (ou 3, 4, 5,) litres de bière, à 9 (ou 8, 10) centimes le litre ?

90. — 10 (ou 15, 25, 40, 35) bons points font 5 fois combien de bons points ?— Quel nombre pris 5 fois donne 30 (20, 45, 35, 50) ?

91. — De ces 15 plumes, faites 5 parts égales : quelle est chaque part ou cinquième partie ?— Cherchez de même la cinquième partie de 5, de 10, 15, 20, 25, 30, 35, 40, 45, 50 ?

92. — De quel nombre de francs 2 (ou 4, 6, 3, 5, 8, 9) francs sont-ils la cinquième partie ?— 7 (ou 10, 8, 6, 9) est la cinquième partie de quel nombre ? —

93. — La $\frac{1}{5}$ signifie *la cinquième partie*. Faites les exercices suivants :

La $\frac{1}{5}$ de 15=3	La $\frac{1}{5}$ de 35+6=13	5 fois 7+$\frac{1}{5}$ de 40=43
la $\frac{1}{5}$ de 10=	la $\frac{1}{5}$ de 45—7=	5 fois 9—$\frac{1}{5}$ de 30
la $\frac{1}{5}$ de 25	la $\frac{1}{2}$ de 16+8	$\frac{1}{5}$ de 35+$\frac{1}{5}$ de 45
la $\frac{1}{5}$ de 35	la $\frac{1}{2}$ de 14—6	$\frac{1}{5}$ de 50—$\frac{1}{5}$ de 25
la $\frac{1}{5}$ de 30	le $\frac{1}{5}$ de 24+9	4 fois 7+$\frac{1}{5}$ de 35

la $\frac{1}{5}$ de 20	le $\frac{1}{3}$ de 21—3	3 fois 9—$\frac{1}{5}$ de 20
la $\frac{1}{5}$ de 40	le $\frac{1}{4}$ de 40+5	$\frac{1}{3}$ de 24+$\frac{1}{5}$ de 30
la $\frac{1}{5}$ de 50	le $\frac{1}{4}$ de 32—4	$\frac{1}{2}$ de 18—$\frac{1}{5}$ de 15+10
la $\frac{1}{5}$ de 45	la $\frac{1}{5}$ de 40+6—7	$\frac{1}{5}$ de 45+$\frac{1}{5}$ de 20+$\frac{1}{3}$ de 6.

94. — *a*) Quel est le prix d'une image, si 5 images de même valeur coûtent 45 centimes ?

b) Quel est la cinquième partie de 2 mètres 5 décimètres ?

c) Un écolier a copié 4 fois 10 pages en 5 jours: combien en a-t-il copié par jour?

d) Jean dit à Pierre : j'ai gagné aujourd'hui 4 fois autant de bonnes notes qu'hier, et j'en ai gagné, aujourd'hui seul 5 fois 8: dites-moi, combien j'en ai gagné en tout ?

E. **Multiplication et division par 6.**

95. — Résultats à chercher et à retenir :

5 fois 1+1=6 fois 1=6	5 fois 6 +6 =6 fois 6 =
5 fois 2+2=6 fois 2=	5 fois 7 +7 =6 fois 7 =
5 fois 3+3=6 fois 3=	5 fois 8 +8 =6 fois 8 =
5 fois 4+4=6 fois 4=	5 fois 9 +9 =6 fois 9 =
5 fois 5+5=6 fois 5=	5 fois 10+10=6 fois 10=

Combien font 6 fois 7 crayons ? — 6 fois 4 doigts ? — 6 fois 8 centimes ? — 6 fois 10 décimètres ? — 6 fois 9 grammes ? —

96. — Faites les exercices suivants :

6 fois 3=	6 fois 4+9= 33	6 fois 2+2 fois 5=
6 fois 5=	6 fois 6—7	6 fois 7—3 fois 3
6 fois 7=	6 fois 10+5—6	6 fois 5+$\frac{1}{5}$ de 35
6 fois 9=	6 fois 8—9+7	6 fois 9—$\frac{1}{4}$ de 36

97. — *a*) Ernest a acheté 4 (ou 3, 6, 5) cahiers, qu'il a payés 8 (ou 9, 10) centimes chacun : combien a-t-il déboursé ?

b) Combien y a-t-il de jours dans 6 semaines et 5 jours ?

c) Combien y a-t-il de décimes et centimes dans 6 fois 7 (ou 9, 6) centimes ?

98. — 6 (ou 18, 12, 24, 36, 54, 48, 60, 30, 42) noix font 6 fois combien de noix ? — Quel nombre pris 6 fois donne 48 (ou 42, 60, 36, 24, 54) ?

99. — De 18 boules peut-on faire juste 6 parts égales? Quelle est chaque part ou sixième partie? — Faites ainsi 6 parts égales de 6, 12, 18, 24, 30, 36, 42, 48, 54, 60 boules.

100. — Cherchez le nombre dont 4 (ou 3, 5, 2, 6, 8, 7, 10, 9) est la sixième partie. — 5 (ou 8, 7, 9) francs sont la sixième partie de combien de francs? —

101. — La $\frac{1}{6}$ signifie *la sixième partie.*

La $\frac{1}{6}$ de 18=3	$\frac{1}{6}$ de 36+6=12	6 fois 9 + $\frac{1}{6}$ de 36=
la $\frac{1}{6}$ de 30=	$\frac{1}{6}$ de 48—7	6 fois 7 — $\frac{1}{6}$ de 54=
la $\frac{1}{6}$ de 42	$\frac{1}{2}$ de 14+9	5 fois 9 + $\frac{1}{6}$ de 48
la $\frac{1}{6}$ de 54	$\frac{1}{2}$ de 20—7	4 fois 7 — $\frac{1}{6}$ de 30
la $\frac{1}{6}$ de 24	$\frac{1}{3}$ de 30+10	6 fois 7 + $\frac{1}{5}$ de 21+4
la $\frac{1}{6}$ de 36	$\frac{1}{4}$ de 36—8	6 fois 10 — $\frac{1}{4}$ de 32—7
la $\frac{1}{6}$ de 60	$\frac{1}{5}$ de 45+7—4	$\frac{1}{6}$ de 60 + $\frac{1}{3}$ de 24+9
la $\frac{1}{6}$ de 48	$\frac{1}{6}$ de 42—6+9	$\frac{1}{6}$ de 42 + $\frac{1}{4}$ de 12—8

102. — *a*) Quelle est la sixième partie de 4 fr. 8 décimes? — de 5 mètres 4 décim. ? — de 3 litres 6 décilitres?

b) De 53 cent. j'ai dépensé 5 cent. et j'ai distribué le reste également entre 6 pauvres: combien chacun a-t-il reçu?

c) Un ouvrier gagne 42 fr. par semaine : 1° quel est le prix de la journée? 2° Combien gagnerait-il de plus par jour s'il recevait 54 fr. par semaine?

F. Multiplication et division par 7.

103. — Résultats à chercher et à apprendre de mémoire :

6 fois 1+1=7 fois 1=7	6 fois 6+ 6=7 fois 6=
6 fois 2+2=7 fois 2	6 fois 7+ 7=7 fois 7
6 fois 3+3=7 fois 3	6 fois 8+ 8=7 fois 8
6 fois 4+4=7 fois 4	6 fois 9+ 9=7 fois 9
6 fois 5+5=7 fois 5	6 fois 10+10=7 fois 10

Combien font 7 fois 6 pommes? — 7 fois 8 crayons? — 7 fois 9 écoliers? — 7 fois 7 plumes? — 7 fois 10 cahiers? etc.

104. — Faites les exercices suivants :

7 fois 5=	7 fois 6+4=	7 fois 2+3 fois 2
7 fois 9	7 fois 10—9	9 fois 6 — 6 fois 1
7 fois 7	7 fois 3+5—7	5 fois 8+$\frac{1}{6}$ de 48
7 fois 8	7 fois 4—8—6	7 fois 9 — 7 fois 1+3

105. — *a*) Combien coûteraient 7 (ou 6, 4, 3, 5, 2) mètres d'une étoffe, à 8 (ou 7, 9, 10) francs le mètre?

b) Combien y a-t-il de francs et décimes dans 7 fois 9 décimes?

c) Combien de mètres et décimètres dans 7 fois 8 décimètres ?

d) Louis a acheté un porte-plume, une règle et un canif. Combien a-t-il déboursé, sachant que le porte-plume coûte 8 centimes, la règle 5 centimes et le canif 7 fois autant que le porte-plume?

106. — 42 (ou 14, 28, 56, 21, 35, 63, 49, 70) boules font 7 fois combien de boules? — Quel nombre pris 7 fois donne 42 (ou 35, 28, 49, 70, 54)?

107. — De 21 boules faites 7 parts égales. Quelle est chaque part ou *septième partie*? — Cherchez encore la septième partie de 7, 14, 21, 28, 35, 42, 49, 56, 63, 70 lignes.

108. — Trouvez le nombre dont 4 (ou 6, 2, 8, 5, 3, 7, 10, 9) est la septième partie (la $\frac{1}{7}$). — 5 (ou 7, 4, 6, 9) mètres sont la $\frac{1}{7}$ de combien de mètres?

109. — Cherchez les résultats suivants :

La $\frac{1}{7}$ de 35=5	$\frac{1}{7}$ de 21+9=12	7 fois 5+$\frac{1}{7}$ de 42
la $\frac{1}{7}$ de 49	$\frac{1}{7}$ de 42—5	7 fois 8—$\frac{1}{7}$ de 56
la $\frac{1}{7}$ de 28	$\frac{1}{7}$ de 14+4— 7	$\frac{1}{7}$ de 28+6 fois 1+4
la $\frac{1}{7}$ de 63	$\frac{1}{6}$ de 36—3+ 9	$\frac{1}{6}$ de 24—$\frac{1}{7}$ de 21+9
la $\frac{1}{7}$ de 70	$\frac{1}{8}$ de 35+2 fois 5	$\frac{1}{4}$ de 36+$\frac{1}{7}$ de 28+2 fois 5
la $\frac{1}{7}$ de 56	$\frac{1}{7}$ de 49—$\frac{1}{6}$ de 48	$\frac{1}{3}$ de 24—$\frac{1}{7}$ de 35+5 fois 2

110. — *a*) Quelle est la septième partie de 6 fr. 3 décimes? — de 4 m. 9 décim.? — de 5 décagr. 6 gr.?

b) Après avoir donné 56 centimes à 7 pauvres, il me reste 9 centimes: combien avais-je, et combien ai-je donné à chaque pauvre?

c) Un ouvrier qui gagne 9 fr. par jour, possède encore 5 fr. après avoir payé toutes les dépenses faites dans la famille pendant toute la semaine : combien dépense-t-il régulièrement chaque jour?

G. Multiplication et division par 8.

111. — Résultats à trouver et à retenir :

7 fois 1+1=8 fois 1=8	7 fois 6+6=8 fois 6=
7 fois 2+2=8 fois 2=	7 fois 7+7=8 fois 7
7 fois 3+3=8 fois 3	7 fois 8+8=8 fois 8
7 fois 4+4=8 fois 4	7 fois 9+9=8 fois 9
7 fois 5+5=8 fois 5	7 fois 10+10=8 fois 10

Combien font : 8 fois 6 pommes? — 8 fois 8 moutons? — 8 fois 7 maisons? — 8 fois 10 arbres? — 8 fois 9 croisées?

112. — Faites les exercices suivants :

8 fois 5=40	8 fois 3+9=33	8 fois 5+$\frac{1}{3}$ de 24=
8 fois 7=	8 fois 8—5=	8 fois 9—$\frac{1}{4}$ de 32
8 fois 10	8 fois 4+8 fois 1	8 fois 6+$\frac{1}{6}$ de 42+9
8 fois 9	8 fois 2—4 fois 2	8 fois 10—$\frac{1}{7}$ de 63—10
8 fois 6	8 fois 7—3 fois 3	8 fois 8+$\frac{1}{3}$ de 21—$\frac{1}{5}$ de 45.

113. — *a*) Combien coûteraient 6 (ou 4, 8, 7, 5, 9) litres de bière, à 8 centimes le litre?

b) Combien y a-t-il de mètres et décimètres dans 8 fois 9 décimètres?

c) Un cordonnier reçoit 7 francs pour une paire de souliers : combien recevra-t-il pour 16 souliers?

114. — 32 (ou 56, 40, 24, 72, 48, 64, 16, 80) dragées font 8 fois combien de dragées? — Quel nombre pris 8 fois donne 16 (24, 48, 32, 64, 56, 72, 80)?

115. — De 24 boules faites 8 parts égales : quelle est chaque part ou *huitième partie*? — Cherchez la huitième partie (la $\frac{1}{8}$) de 8, 16, 24, 32, 40, 48, 56, 64, 72, 80 boules.

116. — De quel nombre 4 (ou 3, 5, 2, 7, 6, 9, 8, 10) est-il la huitième partie? — 5 (ou 4, 7, 9, 6, 8) litres sont la $\frac{1}{8}$ de combien de litres?

117. — Cherchez :

La $\frac{1}{8}$ de 40=5	$\frac{1}{8}$ de 24+9=11	8 fois 4+$\frac{1}{8}$ de 40=
la $\frac{1}{8}$ de 56	$\frac{1}{8}$ de 64—7	8 fois 7—$\frac{1}{8}$ de 64
la $\frac{1}{8}$ de 72	$\frac{1}{8}$ de 32+8—6	$\frac{1}{8}$ de 48+$\frac{1}{7}$ de 49
la $\frac{1}{8}$ de 48	$\frac{1}{8}$ de 72+2 fois 5	$\frac{1}{8}$ de 72—$\frac{1}{6}$ de 30
la $\frac{1}{8}$ de 80	$\frac{1}{8}$ de 80—4 fois 2	$\frac{1}{8}$ de 80+$\frac{1}{3}$ de 27+7

118. — *a*) On a payé 56 (ou 72, 64, 80) centimes pour 8 litres de lait : dites le prix du litre ?

b) Quelle est la huitième partie de 6 décimes 4 centimes ? — de 5 mètres 6 décim. ? — de 7 décagr. 2 grammes ?

c) De 72 pommes Eugène en prend la huitième partie : combien en prend-il et combien en laisse-t-il ?

d) Si j'avais encore 2 ans de plus, dit un écolier, j'aurais la $\frac{1}{8}$ de l'âge de mon grand père : quel est mon âge, sachant que mon aïeul a 80 ans ?

e) Une ménagère donne 8 œufs plus 4 centimes pour 10 pommes, à 6 centimes chacune : quelle est la valeur de chaque œuf ?

H. Multiplication et division par 9.

119. — Résultats à trouver et à apprendre par cœur :

8 fois 1+1=9 fois 1=9	8 fois 6+ 6=9 fois 6=
8 fois 2+2=9 fois 2=	8 fois 7+ 7=9 fois 7=
8 fois 3+3=9 fois 3	8 fois 8+ 8=9 fois 8=
8 fois 4+4=9 fois 4	8 fois 9+ 9=9 fois 9=
8 fois 5+5=9 fois 5	8 fois 10+10=9 fois 10=

Combien font : 9 fois 7 chaises ? — 9 fois 6 bancs ? — 9 fois 8 lignes ? — 9 fois 6 carreaux ? — 9 fois 10 mots ? — 9 fois 9 lettres ? —

120. — Faites les exercices suivants :

9 fois 5=45	9 fois 3+8=35	9 fois 6+$\frac{1}{3}$ de 24
9 fois 7	9 fois 10—7=	9 fois 9—$\frac{1}{4}$ de 28
9 fois 6	9 fois 4+3 fois 3	9 fois 7+$\frac{1}{7}$ de 35+8
9 fois 8	9 fois 2—9 fois 1	9 fois 10—$\frac{1}{6}$ de 42—9

121. — *a*) Combien paiera-t-on pour 5 (ou 7, 4, 9, 10, 8, 6) pains, si un pain se vend 9 décimes ?

b) Un cahier coûte 7 centimes : combien de décimes et centimes coûteront 9 cahiers?

c) Un pensionnaire paie 7 francs par semaine : combien paiera-t-il en 9 semaines 2 jours ?

d) Une servante, en portant à la cave un panier contenant 48 œufs, trébucha et en cassa la $\frac{1}{6}$: combien dut-elle débourser à sa maîtresse, sachant que celle-ci lui demanda 9 centimes pour chaque œuf cassé ?

122. — 27 (ou 18, 45, 9, 63, 54, 36, 81, 72, 90) francs sont 9 fois combien de francs ? — Quel nombre pris 9 fois donne 45 (ou 36, 54, 72, 63, 81) ?

123. — Partagez 9 (ou 18, 27, 36, 45, 54, 63, 72, 81, 90) centimes en 9 parts égales, appelées *neuvièmes*.

124. — De quel nombre 2 (ou 3, 5, 4, 7, 10, 6, 9, 8) est-il la neuvième partie (la $\frac{1}{9}$) ?

125. — Trouvez :

La $\frac{1}{9}$ de 54=	$\frac{1}{9}$ de 36+7=11	$\frac{1}{9}$ de 72+$\frac{1}{8}$ de 64=
la $\frac{1}{9}$ de 72	$\frac{1}{9}$ de 81—6	$\frac{1}{9}$ de 90—$\frac{1}{7}$ de 63
la $\frac{1}{9}$ de 63	$\frac{1}{9}$ de 90+3 fois 2	$\frac{1}{9}$ de 27+$\frac{1}{6}$ de 54+10
la $\frac{1}{9}$ de 45	$\frac{1}{9}$ de 63—5 fois 1	$\frac{1}{9}$ de 45+$\frac{1}{7}$ de 21—6

126. — *a*) 9 ouvriers travaillant ensemble ont gagné 72 (ou 36, 54, 90, 81) francs : combien chacun a-t-il gagné ?

b) Quelle est la $\frac{1}{9}$ de 4 mètres 5 décim. ?—de 8 francs 1 decime ? — de 7 litres 2 décil. ?

c) Un artisan gagne en 9 jours 63 francs : combien gagne-t-il en une semaine ?

d) Dans 9 rangées d'arbres, il y a 6 fois 7+3 arbres : combien y en a-t-il dans chaque rangée ?

e) Un père dit à son fils : si j'avais encore 5 ans, j'aurais 6 fois votre âge, et 9 fois celui de votre sœur : quel est mon âge, et le vôtre, sachant que votre sœur a juste 6 ans?

f) Edouard veut acheter des noix. Pour 5 centimes, il veut avoir 20 noix. On lui en donne 8 pour la neuvième partie de son argent. 1° Combien a-t-il de centimes ? 2° Combien reçoit-il de noix pour le tiers de son argent ?

g) Je viens d'acheter 2 cahiers et 6 crayons pour 5 décimes : quel est le prix de chaque objet, sachant qu'un cahier coûte autant que deux crayons ?

CHAPITRE TROISIÈME.

LES QUATRE OPÉRATIONS FONDAMENTALES SUR LES NOMBRES DE 1 A 1 000.

§ I. Formation, énonciation et représentation des nombres de 100 à 1 000.

1.—Dix unités (boules, doigts, francs, mètres, litres, grammes,...) font une *dizaine* d'unités. — Dix dizaines d'unités font une *centaine* d'unités. — Dix centaines d'unités font *mille* unités ou un *millier* d'unités.

Dix enfants ont ensemble 100 doigts ou une centaine de doigts. Combien de centaines en ont 20, 30, 40, 50, 60, 70, 80, 90, 100 enfants ? Cela fait combien de doigts? Comptez, en ajoutant chaque fois une centaine ou un cent : une centaine ou un cent, deux centaines ou deux cents,..... jusqu'à mille ou un millier. — Décomptez, en soustrayant chaque fois un cent : mille ou dix cents, 9 cents,..... cent.

2. — Un franc = 10 décimes = 100 centimes. Combien y a-t-il de centimes dans 2, 3, 4, 5, 6, 7, 8, 9, 10 francs ?

Un mètre = 10 décimètres = 100 centimètres. Combien y a-t-il de centimètres dans 2, 3, 4, 5, 6, 7, 8, 9, 10 mètres ?

Un litre = 10 décilitres = 100 centilitres. Combien y a-t-il de centilitres dans 2, 5, 4, 3, 6, 9, 8, 7, 10 litres ?

Un hectogramme = 10 décagrammes = 100 grammes. Combien y a-t-il de grammes dans 2, 4, 6, 3, 5, 8, 7, 9, 10 hectogrammes ?

3. — A une centaine, puis à 2, 3, 4, 5, 6, 7, 8, 9 centaines, ajoutez successivement 1, 2, 3, 4, 5, 6, 7, 8, 9, 10 dizaines. Exemple :

1 cent. et 1 diz.=cent dix	1 cent. et 6 diz.=cent soixante
1 « « 2 diz.=cent vingt	1 cent. « 7 diz.=cent septante
1 « « 3 diz.=cent trente	1 cent. « 8 diz.=cent octante
1 « « 4 diz.=cent quarante	1 cent. « 9 diz.=cent nonante
1 « « 5 diz.=cent cinquante	1 cent. « 10 diz.=deux cents

2 centaines et 1 diz. = 2 cent dix, etc.

Comptez de cent à mille en ajoutant chaque fois dix. — Exemple : cent, cent dix, cent vingt, etc. — Décomptez de mille à cent, en soustrayant chaque fois dix. Exemple : mille, neuf cent nonante, neuf cent octante, etc.

4. — Un franc = 100 centimes, et un décime = 10 cent. Combien y a-t-il de centimes dans :

1 franc +1, 3, 2, 4, 6, 5, 7, 9, 8, 10 décimes?
3 francs+2, 1, 3, 5, 4, 6, 8, 7, 9, 10 » ?
6 » +3, 2, 1, 4, 6, 5, 8, 9, 7, 10 » ?
8 » +1, 2, 4, 3, 7, 6, 5, 8, 10, 9 » ?

5. — Un mètre=100 centimètres, et un décimètre =10 centimètres.

Combien y a-t-il de centimètres dans :

2 mètres+2, 5, 4, 3, 6, 8, 7, 9, 10 décimètres ?
5 mètres+3, 2, 5, 4, 7, 6, 9, 8, 10 » ?
7 » +1, 3, 4, 6, 8, 5, 7, 9, 10 » ?
9 » +2, 5, 3, 6, 4, 7, 9, 10, 8 » ?

6. — Nommez les nombres de cent à deux cents, de 2 cents à 3 cents, etc. Exemple : cent, cent un, cent deux, etc.

7. — Les centaines d'un nombre se représentent par un chiffre écrit à gauche de celui des dizaines. Exemple : trois cent quarante-sept=347=3 centaines 4 dizaines 7 unités. — Si le nombre n'a pas de dizaines

ou d'unités exprimés, on en marque la place par un zéro. Exemple : 3 cents=300=3 centaines 0 diz. 0 un.; 3 cent cinq=305=3 centaines 0 diz. 5 unités ; 3 cent vingt=320=3 centaines 2 diz. 0 unité. —

8. — Nommez les nombres suivants :

145, 450, 700, 240, 300, 850, 690, 580,
156, 762, 809, 659, 269, 621, 412, 968,
443, 935, 748, 509, 710, 584, 666, 999.

9. — Ecrivez les nombres de 100 à 160; de 273 à 340 ; de 683 à 718 ; de 870 à 998.

10. — Nommez et écrivez les nombres suivants:

3 c. 5 d.,	2 c. 1 d. 3 u.,	5 c. 7 d. 9 u.,	6 c. 7 d. 1 u.,
5 c. 2 u.,	6 c. 5 d. 2 u.,	7 c. 1 d. 5 u.,	9 c. 3 d. 0 u..

Ecrivez les centaines, les dizaines et les unités contenues dans les nombres du n° 8. Exemple : 145 = 1 c. 4 d. 5 u., etc.

11. — Combien y a-t-il de francs et centimes dans : 110, 130, 200, 745, 860, 609, 506, 485 centimes? — Combien de mètres et centimètres dans : 240, 576, 794, 345, 678, 800, 489, 968 centimètres? — Combien de litres et centilitres dans : 150, 346, 780, 697, 975 centilitres?

12. — Quels nombres suivent immédiatement 99, 299, 599, 899, 999? — Lesquels précèdent immédiatement : 100, 400, 700, 200, 900, 1 000 = mille ? Quels nombres peut-on écrire au moyen des chiffres : 2, 3, 5? — 9, 8, 0? — 3, 7, 6?

13. — Décomposez les nombres du n° 8 comme suit :

145=100+40+5
450=400+50+0, etc.

§ II. Addition.

14. — Une ménagère a acheté pour 15 fr. de pain, pour 6 fr. de viande et pour 3 fr. de beurre. Combien

a-t-elle déboursé? Réponse : Elle a déboursé 15 fr.+ 6 fr.+3 fr.=24 fr.

Réunir plusieurs nombres de même espèce en un seul, c'est les *additionner* ou en faire l'*addition*. Le nombre résultant de cette opération s'appelle *somme* ou *total*.

15. — 50+30=5 diz.+3 d.=8 diz.=80; 60+70= 6 d.+7 d.=13 d.=130; 580+60=58 d.+6 d.=6 d. =64 d.=640. Combien font:

40+30	60+80	130+40	340+70	740+70
20+40	40+70	160+30	250+80	910+60
70+20	80+50	120+70	490+50	760+90
50+40	90+90	110+67	670+30	920+80.

16. — *a*) Un tiroir renferme 40 noix plus 9 dizaines de noix : Combien en tout?

b) Combien y a-t-il de mètres et de centimètres dans 34+9 décimètres?

c) Une école compte 40 élèves dans une division et 20 de plus dans l'autre : combien compte-t-elle d'élèves dans les deux divisions ensemble?

d) Un cultivateur a vendu pour 160 francs d'avoine et pour 8 fois 10 francs de pommes de terre: quel est le total de sa recette?

17.—36+50=3 d. 6 u.+5 d.=8 d. 6 u.=86; 97+40=9 d. 7 u.+4 d.=13 d. 7 u.=137; 389+60 =38 d. 9 u.+6 d.=44 d. 9 u.=449; 746+200=74 d. 6 u.+20 d.=94 d. 6 u.=946, ou encore 746+200 =746+2 centaines=946. Cherchez de même les sommes suivantes :

48+50	94+30	235+40	369+70	643+200
56+30	87+70	429+70	546+90	456+400
79+20	68+80	740+50	829+80	369+500.

18. — 80+75=8 d.+7 d. 5 u.=15 d. 5 u.=155; 790+64=79 d.+6 d. 4 u.=85 d. 4 u.=854. On pourrait encore dire 790+64=800+54=854. Faites de même :

50+37	70+38	340+51	47+430	300+246
60+25	50+62	720+96	83+620	400+588
40+43	90+45	650+73	90+758	500+379.

19. — *a*) Un marchand a expédié 46+50 balles de café : combien en tout ?

b) Quelqu'un a gagné 8 fois 5 fr. sur une marchandise qui lui avait coûté 195 fr. : combien l'a-t-il vendue ?

c) 270+86 centimètres font : combien de mètres, décimètres et centimètres ?

d) Si vous déduisez 37 fr. de l'argent que j'ai, il me reste encore 7 pièces de 5 fr., moins 10 fr : combien ai-je d'argent ?

20. — *La somme des unités des deux nombres est plus petite que 10.*

Ajoutez au plus grand nombre d'abord les dizaines, puis les unités du petit nombre. Exemple : 82+56=132+6=138. Cherchez ainsi le total de :

43+56	84+91	72+67	231+47	37+431
25+15	72+56	84+75	543+74	52+863
77+22	93+84	67+92	656+82	44+384.

21. — *La somme des unités des deux nombres est plus grande que 10.*

Complétez la dizaine du nombre dont les unités approchent le plus de 10, avec des unités que vous ôterez du total ou de l'autre nombre. Ex. 176+58=176+60—2=234, ou 176+58=174+60=234. Additionnez de même :

56+37	98+73	58+69	156+44	69+547
43+29	68+54	86+99	392+29	21+199
76+24	89+73	37+88	764+48	38+885.

22. — *a*) Une personne a épargné 59+67 fr. : quel est le total de ses épargnes ?

b) Pour gagner 54 fr. sur une marchandise qui en a coûté 168, combien faut-il la revendre ?

c) Dans 5 hectogr. 7 décagr. + 3 hectogr. 8 décagr. combien y a-t-il d'hectog. et décag. ?

d) 2 fr. 58 cent. + 65 c. font : combien de francs et de centimes ?

e) Combien y a-t-il de jours dans les 2 (3, 4...) premiers mois de l'année?

§ III. Soustraction.

23. — Ernest a 15 billes : s'il en perd 8, combien lui en restera-t-il? — Réponse : Il lui restera 15—8 ou 7 billes.

Ernest a 15 billes : combien en a-t-il de plus que son frère qui en a 8? — Réponse : Il a 15—8 ou 7 billes de plus que son frère.

Retrancher un nombre d'un autre plus grand, c'est *soustraire* ou faire une *soustraction*. Le nombre résultant de cette opération se nomme *reste* ou *différence*.

24. — 80—50=8 diz. — 5 diz. = 3 diz. = 30 ; 150—60=15 diz.—6 diz.=9 diz.=90; 840—300=84 diz. —30 diz.=54 diz.=540, ou encore 8 centaines 4 diz. — 3 cent. = 5 cent. 4 diz. = 540.

50—20	250—40	320—50	600—200	870—400
70—40	470—30	540—70	500—300	640—500
90—50	890—60	730—80	900—400	910—600.

25. — *a*) Pierre a 50 noix : s'il en donne 2 dizaines, combien lui en reste-t-il?

b) Jules qui a 40 centimes demande combien il lui manque de centimes pour avoir 9 décimes?

c) Un fermier qui avait 220 moutons en a vendu d'abord 50, puis encore 40 : combien a-t-il vendu de moutons en tout et combien lui en reste-t-il?

d) Il est 2 heures 20 minutes : dans combien de minutes sera-t-il 3 heures?

26. — 58—30=5 d. 8 u.—3 d.=2 d. 8 u.=28 ; 239—80=239—8 d.=159 ; 745 - 300=745—30 d. =745—3 centaines=44

73—30	174—60	342—60	546—80	653—400
85—50	467—40	656—80	739—40	807—300
94—60	989—70	942—90	913—30	999—600.

27. — *a*) Une paysanne portant au marché 98 œufs, revient avec 50 œufs : combien en a-t-elle vendu ?

b) De 63 fr. qu'un ouvrier gagne par mois, il en dépense 40 : quelle somme épargne-t-il par mois ?

c) Une marchandise payée 219 fr. plus 21 fr. a été revendue avec 30 fr. de perte : quel en est le prix de vente ?

d) 2 fr. 35 cent. surpassent de combien 80 centimes ?

28. — *Le premier nombre a plus d'unités que le second.*

Soustrayez d'abord les dizaines puis les unités. Ex. : 97—43=57—3=54. Cherchez ainsi le reste de :

87—34=57—4= ?	94—52	158—26	208—93
64—52=14—2=	87—35	279—54	415—72
78—36=48—6=	78—48	463—41	724—84
93—23=53—3=	65—62	886—35	693—81.

29. — *a*) Combien restera-t-il de 48 mètres de toile, si l'on en coupe 25 mètres ?

b) Un artisan devait 456 fr., dont il vient de rembourser 95 fr. : combien doit-il encore ?

c) De combien 2 m. 64 centim. surpassent-ils 93 centimètres ?

d) Jules a 44 fr. dans sa caisse d'épargne : quand y aura-t-il 76 fr. en supposant qu'il y mette chaque semaine 8 fr. ?

30.—*Le second nombre seul a des unités. Ex.* : 90—56.

Ajoutez 4 à chaque nombre, afin de compléter la dizaine du nombre à soustraire ; 90—56=94—60=34. Cherchez ainsi :

40—23=47—30= ?	30—17	170—63	520—48
70—39=71—40=	70—52	430—17	940—81
90—45=95—50=	40—29	740—27	650—72
60—28=62—30=	80—38	980—55	360—89.

31. — *Le second nombre a plus d'unités que le premier. Ex.* : 83—47.

Ajoutez 3 à chaque nombre afin d'arrondir le nombre à soustraire : 83—47=86—50=36. Cherchez ainsi :

92—54=98—60=?	81—36	173—45	134—56
75—46=	62—25	696—58	321—43
58—39=	46—17	782—29	512—94
84—26=	23—15	954—18	713—87.

32. — Cherchez les résultats suivants :

64+37+43	127—(29+35)	127 — (7×7)
89—36—27	244—(63+46)	244 —($\frac{1}{9}$ de 63)
39+46—53	844+(89—65)	(9×8) — (7×6)
48—24+37	728—(222—33)	56+34—(56—33).

33. — *a*) Quelqu'un avait 8 fois 10 fr., dont il a dépensé 34 fr. : combien lui en reste-t-il ?

b) Une personne doit 85 fr. ; elle paie d'abord 28fr., puis 39 fr. : combien doit-elle encore ?

c) 5 litres 32 centilitres moins 89 centilitres. = ?

d) De 123+67, retranchez la différence de ces deux nombres.

e) Un particulier va au marché avec 633 fr. ; il y achète du blé pour 67 fr. ; des pommes de terre pour 48 fr. et de la viande pour 35 fr. : pour combien a-t-il acheté et quelle somme lui reste-t-il ?

§ IV. Multiplication.

34. — *a*) Une mère donna 4 pommes à chacun de ses 3 enfants : combien reçurent-ils ensemble ? Réponse : Ils reçurent ensemble 3 fois 4 pommes ou 12 pommes ?

b) Combien de fr. paierait-on pour 4 mètres d'étoffe, à 3 fr. le mètre ? Réponse : On paierait 4 fois 3 fr. ou 12 fr.

Chercher ainsi un nombre qui renferme 2 fois, 3

fois, 4 fois, etc., un nombre connu, c'est *multiplier* ce dernier nombre par 2, ou par 3, ou par 4, etc., c'est faire une *multiplication*. Le nombre obtenu par cette multiplication se nomme *produit*; celui qui doit être multiplié, *multiplicande*, et celui par lequel on multiplie, *multiplicateur*. Le signe d'une multiplication à faire est ×, qui s'énonce *multiplié par*, et qu'on écrit à la suite du multiplicande. Exemple : 7 fois 8 fr., c'est-à-dire, le nombre 8 fr. multiplié par 7 s'écrit : 8 fr. × 7 = 56 fr.

35. — Multipliez chacun des nombres 3, 2, 4, 8, 6, 7, 9, 5, 10 par 2, puis par 3, par 4, 5, 6, 7, 8, 9, 10.

Dites : 3 multiplié par 2=2 fois 3=6	Écrivez : 3×2=6
2 multiplié par 2=2 fois 2=	2×2=

36. — Multipliez 4, puis 7, 6, 3, 5, 9 8, 10 par chacun des nombres 2, 3, 4, 5, 6, 7, 8, 9, 10.

Dites : 4 multiplié par 2=2 fois 4=8	Écrivez : 4×2=8
4 multiplié par 3=3 fois 4=	4×3=

37. — *a*) Quelle est la dépense faite pendant 8 jours par une personne qui dépense 2 (ou 3, 4, 5, 6, 7) fr. par jour?

b) Quel est le prix de 7 kilogrammes d'une marchandise, à raison de 3 (ou 5, 7, 9, 6, 8) fr. le kilogramme?

c) Théophile vient de prêter à son camarade 9 billes, qui sont la sixième partie de celles qu'il avait : combien en avait-t-il?

d) Une fruitière donne 4 prunes pour 1 centime : combien en peut-on obtenir pour 7 (5, 9, 4, 6, 3, 8) centimes?

38. — 3 fois 60=3 fois 6 diz.=18 diz.=180. Multipliez ainsi par 2, 3, 4, 5, 6, 7, 8, 9, 10 chacun des nombres : 30, 10, 40, 70, 20, 50, 90, 60, 80, 100.

Exemple : 30×2=6 diz.=60,
30×3=9 diz.=90, etc.

39. — *a*) Combien coûteront 4 (7, 5, 9, 8) balles de coton, si une balle coûte 30 fr.?

b) Combien y a-t-il de minutes dans 2 (4, 6, 8, 7, 10, 9) heures?

c) Nommez les mois de l'année qui n'ont que 30 jours. Combien ces mois ensemble comptent-ils de jours?

40. — 4 fois 62=24 diz.+4 fois 2 unités=24 diz. 8 u.=248; 6 fois 56=30 diz.+6 fois 6=30 d.+3 d. +6 u.=33 d. 6 u.=336. Multipliez ainsi: 13, 17, 26, 34, 48, 59, 62, 83, 97, 89, 65, 98 par chacun des nombres 2, 3, 4, 5, 6, 7, 8, 9, 10.

41. — *a*) Un marchand a vendu 3 (2, 5, 4, 7, 6, 9, 10, 8) coupons de drap, à 54 fr. chacun : quelle doit-être sa recette?

b) Combien paierait-on pour 3 (ou 4, 6, 8, 5, 7, 9) kilogrammes de sucre à 98 centimes le kilogr.?

c) Que coûteraient 6 (7, 9, 8) bouteilles de vin, à 0,87 cent. la bouteille?

d) Si quelqu'un achète 3 paires de bottes à 17 fr. la paire: combien lui rendra-t-on sur 5 pièces de 20 fr.?

42. — *a*) Si une poire coûte 1 centime, 16 poires coûteront 16 fois 1 centime=16 centimes; donc 16 poires, à 2 centimes la pièce, coûteront 16+16 centimes=2 fois 16 centimes=32 cent.; 16 poires à 3 centimes, coûteront 16+16+16 cent.=3 fois 16 cent. =48 centimes, etc., 38 fois 1=38; donc 38 fois 2=38 +38=2 fois 38=76; 38 fois 3=? 38 fois 4=? 38 fois 5=? etc.

b) Un marchand a acheté 65 kilogr. d'une marchandise: combien paierait-il, si le kilogr. lui coûtait 1 fr? Et combien, si le kilogr. lui coûtait 2 fr., ou 3 fr., ou 4 fr.?

c) 86 fois 9 font combien de fois 86? 75 fois 6=? 37 fois 8=?

— 43. —

(17×6)+48 =	(72×9)+($\frac{1}{7}$ de 56)	(84+14+36)×3=
124—(15×7)=	(83×8)—($\frac{1}{5}$ de 45)	(124—37—44)×7
(9×7)+(48×6)=	(7×37)+(37×7)	(111—46)×($\frac{1}{8}$ de 72)
(57×8)—(23×7)=	(93×10)—(8×85)	($\frac{1}{6}$ de 48)×(27×2).

44. — *a*) Multipliez 5 fois 18 par 9.

b) A quel nombre faut-il ajouter 3 fois 24 pour avoir 7 fois 32 ?

c) Quel nombre faut-il augmenter de 37+47 pour avoir 8 fois 93 ?

d) Que doit-on ôter de 47 plus 8 fois 38 pour qu'il reste 96—$\frac{1}{7}$ de 42 ?

e) Si l'on diminue un nombre de 7×14, on obtient 37 fois 9 : quel est ce nombre?

f) Si un cheval mange par jour une botte de foin, de 7 kilogr., combien faudra-t-il de kilogr. de foin pour le nourrir pendant 24 jours ? Et quelle sera la dépense, si chaque botte coûte 8 centimes ?

g) Un maréchal doit ferrer 8 chevaux : combien emploiera-t-il de clous, s'il lui en faut 6 pour attacher chaque fer ?

h) Combien une horloge qui ne sonne que les heures frappe-t-elle de coups en un jour ?

§ V. Division.

45. — *a*) Quelle est chacune des 3 parties égales qui composent 12 pommes? Réponse : Chacune des 3 parties égales est le tiers de 12, ou 4 pommes.

Chercher l'une des 2, ou des 3, ou des 4,... parties égales qui forment un nombre connu, c'est *diviser* ce nombre par 2, ou par 3, ou par 4.... Le résultat de cette division se nomme *quotient* ; le nombre qui doit être divisé, *dividende*, et celui par lequel on divise, *diviseur*.

b) Dans 12 pommes combien y a-t-il de parts égales à 4 pommes ? Réponse : Il y a 4+4+4 parts égales à 4 pommes ; donc dans 12 pommes il y a 3 parts égales à 4 pommes.

Chercher combien un nombre connu contient de parties égales dont une est connue, c'est encore faire une division. Le signe d'une division à faire est :, que l'on énonce *divisé par*. Ainsi 12 fr. : 4=3 fr. signifie; 12 fr. divisé par 4 égale 3 fr.

46. — Faites les divisions suivantes :

La $\frac{1}{2}$ de 2, 6, 4, 8, 12, 10, 14, 18, 16, 20.
le $\frac{1}{3}$ de 3, 9, 6, 15, 12, 18, 27, 21, 30, 24.
le $\frac{1}{4}$ de 4, 20, 12, 24, 16, 28, 36, 32, 8, 40.
la $\frac{1}{5}$ de 5, 15, 30, 25, 35, 10, 45, 20, 40, 50.
la $\frac{1}{6}$ de 6, 12, 24, 18, 30, 42, 36, 48, 60, 54.
la $\frac{1}{7}$ de 7, 21, 35, 49, 14, 63, 28, 56, 42, 70.
la $\frac{1}{8}$ de 8, 16, 40, 32, 24, 48, 64, 80, 56, 72.
la $\frac{1}{9}$ de 9, 18, 36, 54, 27, 72, 45, 63, 90, 81.

Ecrivez : 2 : 2 = 1 ; 6 : 2 = 3 ; 4 : 2 = 2 ; etc.

47. — *a*) Dans 6 noix, combien y a-t-il de parts égales à 2 noix ?

Dites : 6 noix=2+2+2 noix=3 fois 2 noix : ainsi dans 6 noix il y a 3 parts de chacune 2 noix.

b) Cherchez de même combien il y a de fois 3 francs dans 15 fr. ? — 4 oranges dans 28 oranges ? — 3 crayons dans 27 crayons ? — 8 arbres dans une rangée de 56 arbres ? — 7 hommes dans une réunion de 42 hommes ?

c) Cherchez combien de fois le nombre 2 est contenu dans les nombres de la 1re ligne du numéro 46 ; 3 dans ceux de la 2me ligne ; etc.

48. — *a*) 2 pommes sont quelle part de 6 pommes ? —

Dites : 6 pommes=2+2+2=3 fois 2 pommes ; donc 2 pommes sont le $\frac{1}{3}$ de 6 pommes.

b) 3 billes sont quelle partie de 6 billes ? de 12 billes ? — 5 noix de 15 noix ? de 25 noix ? — 4 mètres de 12 mètres ? de 24 mètres ?

c) Le nombre 2 (ou 3, ou 4, ou 5...) est quelle partie de chacun des nombres qu'il précède dans la 1re (ou 2me, ou 3me....) ligne du numéro 46 ? —

Dites : 2 est le tiers de 6 ; la moitié de 4 ; etc.

49. — Calculez le résultat de :

3 fois la $\frac{1}{2}$ de 18+2 f. le $\frac{1}{3}$ de 12=	4 fois $\frac{1}{5}$ de 35+5 fois $\frac{1}{7}$ de 14=
7 fois $\frac{1}{2}$ de 10—6 fois $\frac{1}{5}$ de 15	6 fois $\frac{1}{5}$ de 45—7 fois $\frac{1}{8}$ de 32
6 fois $\frac{1}{3}$ de 27+7 fois $\frac{1}{5}$ de 30	5 fois $\frac{1}{6}$ de 42+6 fois $\frac{1}{8}$ de 40
10 fois $\frac{1}{4}$ de 16—4 fois $\frac{1}{3}$ de 24	9 fois $\frac{1}{7}$ de 56—10 fois $\frac{1}{8}$ de 64
9 fois $\frac{1}{4}$ de 37+10 fois $\frac{1}{7}$ de 55	7 fois $\frac{1}{8}$ de 48+3 fois $\frac{1}{7}$ de 49
10 fois $\frac{1}{4}$ de 40—7 fois $\frac{1}{7}$ de 14	8 fois $\frac{1}{9}$ de 72—9 fois $\frac{1}{6}$ de 42

50. — *a)* Quatre frères se sont partagé également 28 noix : dites la part de chacun?

b) Dans un verger, on compte 56 pruniers, plantés sur 7 lignes : combien d'arbres dans chaque ligne?

c) Quelqu'un doit 72 fr. : après avoir payé la $\frac{1}{8}$ partie de sa dette, combien devra-t-il encore?

d) Dans une salle d'école il y a 56 (ou 42, 63, 49) élèves ; 7 sont placés sur chaque banc : combien y a-t-il de bancs dans cette école?

e) Paul possède 40 (ou 35, 45, 50) centimes : pendant combien de jours pourrait-il faire une dépense de 5 centimes chaque jour?

f) Deux frères avaient ensemble 69 ans ; mais l'un comptait 3 ans de plus que l'autre : quel âge chacun avait-il?

51. — *a)* Quelle est la moitié de 60 ou 6 diz.? — de 600 ou 6 centaines? — de 40, 400? — de 80, 800? — de 120, 160, 100, 140, 180, 200?

b) La moitié de 126 ou 12 d. 6 u.=6 d. 3 u.=63 ; la $\frac{1}{2}$ de 468=2 c. 3 d. 4 u.=234.

Divisez ainsi par 2 chacun des nombres : 24, 68, 146, 168, 420, 864.

52. — *a)* La $\frac{1}{2}$ de 1 diz.=5 u. ; la $\frac{1}{2}$ de 15 diz.=7 diz. + la $\frac{1}{2}$ de 1 d.=7 d. 5 u.=75.

Prenez ainsi la $\frac{1}{2}$ de 30, 300, 130, 170, 190, 210, 350.

b) La $\frac{1}{2}$ de 56 égale la $\frac{1}{2}$ de 4 diz. 16 u.=2 d. 8 u. =28 ; la $\frac{1}{2}$ de 560=la $\frac{1}{2}$ de 4 c. 16 d.=2 c. 8 d.=280. On pourrait encore dire : la $\frac{1}{2}$ de 56=la $\frac{1}{2}$ de 60—la $\frac{1}{2}$ de 4=30—2=28.

Divisez de même par 2 chacun des nombres :
34, 340, 54, 540, 58, 580, 76, 760, 98, 980.

c) Quelle est la moitié de 536 ?

Dites : la $\frac{1}{2}$ de 5 centaines=2 cent., et il reste 1 centaine, non encore partagée ; 1 c.+3 d.=13 d., dont la $\frac{1}{2}$=6 diz., et il reste 1 d., non encore partagée ; 1 d.+6 u.=16 u. dont $\frac{1}{2}$=8 u. Ainsi la $\frac{1}{2}$ de 536=2 c. 6 d. 8 u.=268.

Prenez de même la $\frac{1}{2}$ de chacun des nombres 570, 550, 374, 736, 930, 718, 952, 770, 934.

53. — *a*) Deux caisses contiennent un égal nombre d'oranges, 868 en tout : combien dans chacune) ?

b) Si 2 kilogr. de café coûtent 3 fr. 26 cent., que coûte le kilogr. ?

c) Dans 2 pièces de vin d'égale contenance, il y a 594 litres de vin : combien de litres contient chaque pièce ?

d) Combien de pièces de 2 centimes ont une valeur de 5 fr. 38 cent. ?

54. — *a*) Quel est le $\frac{1}{3}$ de 60 ou 6 diz. ? de 600 ou 6 centaines ? — de 90, 900 ? — Prenez le $\frac{1}{3}$ de 120 ou 12 diz. ; de 150, 180, 210, 240, 270.

b) Le $\frac{1}{3}$ de 69=le $\frac{1}{3}$ de 6 d. 9 u.=2 d. 3 u.=23. Le $\frac{1}{3}$ de 246=le $\frac{1}{3}$ de 24 d. 6 u.=8 d. 2 u.=82. — Divisez ainsi par 3 chacun des nombres : 183, 129, 156, 273, 189, 366, 639, 936.

c) Cherchez le tiers de 294 ?

Dites : le $\frac{1}{3}$ de 2 centaines ne contient pas de centaines ; le $\frac{1}{3}$ de 29 diz. contient 9 diz. et il reste 2 diz., non encore partagées ; ces 2 diz.+4 u.=24 u. dont le $\frac{1}{3}$=8 u.. Ainsi le $\frac{1}{3}$ de 294=98.

Divisez par 3 chacun des nombres 291, 282, 534, 720, 801, 891.

55. — *a*) Trouvez le nombre dont le triple égale 396.

b) Quel nombre faut-il multiplier par 3 pour que le produit égale 918 ?

c) Cherchez le $\frac{1}{3}$ de 1 mèt. 56 centim.

d) On a payé pour 3 vaches 111 pièces de 5 fr. : quel est le prix moyen de chaque vache ?

e) Un marchand achète pour 7 fois 102 fr. : d'une

étoffe, à 3 fr. le mètre : combien en aura-t-il de mètres?

f) Un garçon boulanger avait épargné en un mois 16 fr., dans un autre, 14 fr., dans un troisième, 21 fr. Il dépense le $\frac{1}{3}$ de cet argent pour un pantalon : quel est le prix du pantalon, et combien d'argent reste-t-il au jeune homme?

g) On a partagé 471 fr. entre 2 personnes, de manière que l'une a eu juste le double de l'autre : combien chacune a-t-elle eu?

56. — Cherchez :

la $\frac{1}{2}$ de 120, 80, 60, 100, 140, 180, 200, 160.
le $\frac{1}{3}$ de 69, 90, 150, 120, 180, 210, 270, 240.
le $\frac{1}{4}$ de 200, 120, 240, 160, 280, 360, 320, 280.
la $\frac{1}{5}$ de 150, 300, 250, 500, 350, 450, 200, 400.
la $\frac{1}{6}$ de 240, 120, 180, 300, 420, 360, 480, 540.
la $\frac{1}{7}$ de 210, 350, 490, 140, 630, 280, 560, 420.
la $\frac{1}{8}$ de 160, 400, 320, 480, 640, 248, 720, 560.
la $\frac{1}{9}$ de 180, 360, 720, 540, 270, 450, 630, 810.

57. — Combien de fois 2 est-il contenu dans chacun des nombres de la 1re ligne du n° 56? — 3 dans chacun de ceux de la 2e ligne? — etc.

58. — Cherchez comme dans le n° 54 :

le $\frac{1}{4}$ de 116, 204, 328, 340, 348, 652, 704, 836, 944.
la $\frac{1}{5}$ de 125, 205, 310, 535, 650, 730, 795, 840, 985.
la $\frac{1}{6}$ de 216, 318, 450, 516, 690, 702, 804, 936, 954.
la $\frac{1}{7}$ de 112, 133, 224, 560, 448, 532, 644, 896, 994.
la $\frac{1}{8}$ de 120, 168, 176, 360, 544, 624, 728, 936, 872.
la $\frac{1}{9}$ de 135, 243, 342, 432, 513, 675, 756, 873, 945.

— 59. —

la $\frac{1}{2}$ de (46+54+32)=
le $\frac{1}{4}$ de (240—54+12)
(36+40+24):4
(680—96—48):8

36×7+la $\frac{1}{5}$ de 315 =
(49×8) — (234:9)
(364 : 7)+(7 fois 36)
la $\frac{1}{8}$ de 728 — (12 fois 6)

60. — Faites les problèmes suivants, et indiquez la différence qui existe entre les problèmes du n° 1 et ceux du n° 2.

1° — *a*) Quel nombre faut-il prendre 5 fois pour avoir 534+25+64 ?

b) Le $\frac{1}{4}$ d'un nombre égale 84 : quel est le $\frac{1}{6}$ du même nombre ?

c) Quelle est la différence entre le $\frac{1}{7}$ et le $\frac{1}{8}$ du nombre 560 ?

d) Dans une plantation, on compte 570 arbres, plantés en 6 rangées égales : combien d'arbres par rangée ?

e) 8 caisses pèsent ensemble 4 fois 246 kilogr. : quel est le poids de chacune ?

f) 6 ouvriers gagnent en 5 semaines 690 fr. : quel est le gain de chacun par semaine ?

g) Si tu ôtais 14 francs de ton argent, dit Philippe à Frédéric, j'aurais le $\frac{1}{3}$ de ce que tu as, et ensemble nous avons 98 fr. : combien chacun a-t-il ?

h) Un marchand de blé acheta 4 sacs de froment et 4 sacs d'avoine ; il paya 184 fr. pour le tout. Le sac de froment avait coûté 10 fr. de plus que le sac d'avoine : quel est le prix du sac de chaque espèce ?

2° — *a*) Combien de fois doit-on prendre 9 pour avoir 369 ?

b) En combien de parties doit-on diviser 128+48 pour que chaque partie égale 8 ?

c) Combien de fois la différence entre 10 et 15 est-elle contenue dans le produit des mêmes nombres ?

d) Le salaire d'un ouvrier étant 9 fr. par semaine, au bout de combien de semaines aura-t-il gagné 72 (ou 54, 81, 63) fr. ?

e) Le kilogr. de tabac coûtant 8 fr., combien de kilogr. aura-t-on pour 312 (ou 544, 736, 952) fr. ?

f) Un monsieur donna à un certain nombre de pauvres 2 fr. 24 : combien y avait-il de pauvres, si chacun a reçu 7 centimes ?

g) En combien de jours un écolier qui écrit 8 lignes par jour, remplira-t-il son cahier d'écriture qui contient 10 feuillets et 12 lignes sur chaque page ?

h) Bernard vend 740 fr. un cheval qu'il avait acheté 7 semaines auparavant pour 488 fr.: combien a-t-il gagné par semaine sur ce cheval, vu qu'il lui avait coûté tous les jours 3 fr. ?

CHAPITRE QUATRIÈME.

LES OPÉRATIONS FONDAMENTALES SUR LES NOMBRES DE 1 A 1 000 000.

§ I. Formation, énonciation et représentation des nombres de 1 000 à 1 000 000.

1. — Dix centaines font un *mille*; dix mille font une *dizaine de mille*; dix dizaines de mille font une *centaine de mille* et dix centaines de mille font un *million*. — Cent enfants ont mille doigts : combien de mille en ont 200, 300, 400..... 900 enfants?
Comptez depuis mille jusqu'à un million, en ajoutant chaque fois mille. Ex. : mille, 2 mille, 3 mille, 4 mille......

2. — Un mètre=10 décimètres=100 centimètres =1000 millimètres.

a) Combien y a-t-il de millimètres dans 7, 15, 35, 84, 146, 758, 987 mètres?

b) Combien de millimètres dans :

1 mètre	+7, 25, 34, 203, 500, 784, 960	millimèt.	?
6 mètres	+5, 39, 60, 540, 709, 450, 880	«	?
10 «	+3, 20, 79, 124, 600, 536, 793	«	?
86 «	+7, 56, 74, 300, 542, 789, 990	«	?
100 «	+4, 25, 96, 229, 428, 937, 736	«	?
730 «	+2, 40, 37, 305, 738, 681, 863	«	?
989 «	+6, 15, 53, 900, 610, 725, 892	«	?

3. — On compte de mille à 999 mille comme on compte de 1 à 999 unités. Ex. : mille un, mille deux ..... mille 99..... mille cent..... deux mille un.....

4. — On écrit les mille au 4e, 5e et 6e rang (de droite à gauche) en ayant soin d'écrire un zéro au rang des centaines, des dizaines, des unités non exprimées.

Exemples :

6 mille 439 u.= 6 439	235 mille 160 u.=235 160
38 mille 094 u.=38 094	307 mille 9 u.=307 009
40 mille 904 u.=40 904	800 mille =800 000.

Laissez toujours un petit intervalle entre les mille et les centaines.

5. — Lisez les nombres suivants :

3 000	15 200	346 000	708 904
4 500	36 904	950 000	903 050
7 230	52 660	607 000	970 006
9 846	80 999	600 000	800 700.

6. — Ecrivez en chiffres les nombres suivants : 1 mille 345 u.; 5 mille 340; 7 m. 500; 9 m. 50; 8 m. 5; 10 m. 406; 15 m. 40; 19 m. 815; 34 m. 709; 100 m. 40; 201 m. 56; 850 m. 7; 80 m.

7. — Un kilogramme=10 hectog.=100 décag.= 1000 grammes. Combien y a-t-il de kilog. et grammes dans : 3 490 gr.; 40 709 gr.; 38 100 gr.; 60 009 gr.; 86 090 gr.; 304 257 gr.? — Combien de mètres et millimètres dans 4 030 millim.; 75 062 millim.; 700 493 millim.?

§ II. Addition.

8. — Faites *mentalement* les additions suivantes :

97+60	250+58	1 000+66	4 609+300
90+85	954+72	1 440+77	6 250+667
69+83	907+98	3 787+95	7 548+753.

3 fr. 40 cent.+60 cent.; 9 m. 56 centim.+85 centim.; 7 kilog. 5 hectog.+9 hectog. 8 décag.; 7 lit. 6 décil.+8 décil. 5 centil..

9. — Faites *par écrit* les additions suivantes :

3	24	124	2 222	21 204
2	32	301	1 111	1 041
1	40	570	3 333	101 752
6				

1er Exemple : 5 u. et 2 font 5 u. et 1 u. font 6 u., que j'écris sous le trait. Le total = 6 u. — Faites de même, dans les autres exemples, pour les dizaines, les centaines, etc.

10. — Effectuez les additions suivantes :

349	830	43	726	843	9
132	97	627	543	75	91
58	309	509	47	6	304
245	86	38	9	236	1 246

Total 784

1er Exemple : Faisant d'abord la somme des unités, on dit : 9 et 2 font 11, et 8 font 19, et 5 font 24 u. ou 2 d. 4 u. ; j'écris les 4 u. (sous le trait) dans la colonne des unités, et je retiens les 2 d. (pour les ajouter aux dizaines des nombres) ; 2 d. et 4 font 6, et 3 font 9, et 5 font 14, et 4 font 18 d. ou 1 c. 8 d. ; j'écris les 8 d. dans la colonne des dizaines, et je retiens 1 c. ; 1 c. et 3 font 4, et 1 font 5, et 2 font 7 c., que j'écris au rang des centaines. Le total est 784.

11. — Additionnez les nombres suivants :

438+216+540+139+953.
208+540+63+425+38.
704+1 237+59+690+2 407.
24 206+999+6+2 943+768.
63 407+1 304+68+9 004+987 654.

12. — *a*) Un écolier achète un livre pour 58 centimes, du papier pour 25 cent., des plumes pour 14 cent., des crayons pour 12 cent. et une ardoise pour 27 cent. : combien a-t-il déboursé ?

b) Une commune comprend trois villages, qui comptent respectivement 458, 563 et 1065 habitants : combien y a-t-il d'habitants dans cette commune ?

c) Une famille a dépensé pendant une semaine pour 2 fr. 45 cent. de pain, pour 3 fr. 58 c. de viande, pour 1 fr. 64 c. de beurre, pour 95 cent. de café, pour 40 cent. de sucre et pour 2 fr. 39 c. de légumes : quel est le montant de sa dépense ?

d) Quelqu'un a déboursé 365 fr., perdu 68 fr., prêté 80 fr., et il lui reste encore 286 fr. : combien avait-il ?

e) Une pépinière renferme 1 465 pommiers, 187

poiriers, 68 cérisiers et autant de pruniers que de poiriers et de cérisiers ensemble : combien y a-t-il d'arbres en tout dans cette pépinière ?

f) Combien y a-t-il de jours dans les 12 mois de l'année ?

g) Du village A au village B, on compte 3 586 mètres ? de B à C, 2 kilom. 837 mètres ; de C à D, 18 hectomètres 16 mètres : combien y a-t-il de mètres de A à D en passant par B et par C ?

h) Une personne a prêté à B 3 584 fr., à C 968 fr. de plus qu'à B, à D autant qu'à B et à C ensemble : combien a-t-elle prêté en tout ?

§ III Soustraction.

13. — Faites *mentalement* les soustractions :

80—20	160—35	1 370—24	1 600—400
95—34	267—48	2 485—57	2 867—425
84—46	125—59	3 136—79	4 213—654.

7 fr. 40 cent. *moins* 70 cent.=? 5 mètres 83 centim. *moins* 95 cent.= ? 2 litres 36 centil. *moins* 86 centil.=? 3 kilog. 24 décag. *moins* 68 décag.=?

14. — Soustrayez, *par écrit*, chacun des nombres inférieurs du supérieur correspondant :

9	85	784	159	845	2 409	35 983	276 543
5	23	273	147	343	1 308	2 773	176 543

Reste 4

1er Exemple. Dites : 5 u. ôtées de 9 u., il reste 4 u. ou encore : 9 u. moins 5 u. égalent 4 u. Le reste égale donc 4 u.

Dans les autres exemples faites de même pour les dizaines, les centaines, etc.

15. — Faites les soustractions suivantes :

83	8(13)	764	950	671	756	810	542
25	3 5	325	403	134	348	409	536

Reste 58   5 8

1er Exemple. Dites : Comme je ne puis pas soustraire 5 u. de 3 u., j'ajoute (par la pensée) 10 u. au nombre supérieur et 1 diz. au nombre inférieur, en disant 5 u. ôtées de 13 u., il reste 8 u., que j'écris sous le trait ; 1 diz. de retenue et 2 font 3 diz., ôtées de 8 diz., il reste 5 d.. Le reste=58.

16. — Effectuez les soustractions suivantes :

853—269	3 736—1 348	7 304—3 407	10 621— 8744
804—359	4 840—2 561	6 405—5 216	29 704— 17 806
930—735	8 543—2 936	9 560—8 651	86 222— 29 777
500—213	7 329—3 945	4 700—2 815	100 000— 44 239
683—185	8 504—3 396	6 713—3 614	399 736—299 837
856—287	9 195—4 096	8 401—6 396	735 237—635 238

1er Exemple : 853 — 269 — Reste 584

8 (15)(13)
3 7 9
5 8 4

Ajoutez (par la pensée) 10 unités et 10 diz. au premier nombre, et 1 diz. et 1 centaine au second, en disant : 9 u. de 13 u., il reste 4 u.; je retiens une diz. et 6 diz. font 7, de 15, il reste 8 diz. ; je retiens 1 centaine, et 2 font 3, de 8, il reste 5 centaines. Le reste = 584.

17. — *a*) D'une bourse contenant 456 fr., on a retiré 287 fr. : combien contient-elle encore?

b) De 734 pommes que portait un pommier, j'en ai d'abord cueilli 265, puis encore 302 : combien en reste-t-il sur l'arbre?

c) Un boulanger ayant acheté 2 405 kilog. de farine, en a déjà reçu 823+1 154 kilog. : combien en reste-t-il à lui livrer?

d) Un berger avait 94 moutons : combien en a-t-il vendu, sachant qu'il en a encore 86, et combien a-t-il reçu d'argent les ayant vendus à 17 fr. la pièce?

e) Quelqu'un acheta une maison pour 13 450 fr. ; il paya d'abord 8 565 fr. et le reste après 4 mois : quelle est la différence entre les 2 paiements?

f) A acheta 7 balles de café pour 1 064 fr. ; qu'il revendit à 173 fr. la balle : combien gagna-t-il sur ce marché sachant qu'il avait payé pour le droit d'entrée des 7 balles 46 fr., et 7 fr. 50 pour le transport de chacune?

§ IV. Multiplication.

18. — Multipliez 640 par 3.

Dites : 3 fois 640=3 fois 6 c.+3 fois 4 d.=19 c. 2 d. = 1 920.

Multipliez ainsi par 2, 3, 4, 5, 6, 7, 8, 9 chacun des nombres : 170, 260, 340, 450, 580, 690, 780, 830, 990, 630, 870.

19. — Faites la multiplication de 348 par 6.

Dites : 6 fois 348=6 fois 3 c.=18 c.+6 fois 4 d.=20 c. 4 d. ou 204 d.+6 fois 8=2 088.

Multipliez de la même manière par 2, 3, 4, 5, 6, 7, 8, 9 chacun des nombres :

149, 253, 347, 408, 648, 718, 865, 982, 768, 679.

20. — *a*) Combien y a-t-il de mois dans 5 (ou 6, 7, 9, 8) années ?

b) Combien d'heures dans 6 (ou 8, 7, 9) jours ?

c) Combien de semaines dans 3 (ou 5, 4, 7, 9 ans) ?

d) Combien de jours dans 3 (ou 4, 6, 8, 7, 9) ans ?

e) Le salaire d'un ouvrier étant 1 fr. 35 c. par jour : combien aura-t-il gagné au bout de 5 (ou 7, 6, 9, 8) journées de travail ?

f) Quelle somme se sont partagée 8 (ou 6, 9) personnes, si chacune a reçu 2 165 fr. ?

g) Quel est le prix de 9 (ou 8, 7) ballots de marchandise, pesant chacun 157 kilog., à 3 fr. le kilog. ?

21. — Trouvez *par écrit* le produit de 567×3.

```
 567
 ×3
----
1701
```

Ecrivez comme ci-contre et dites : 3 fois 7 u. font 21 u. ou 2 diz. 1 u. ; j'écris 1 sous le trait au rang des unités et je retiens les 2 d. ; 3 fois 6 d. font 18 d., et 2 de retenue font 20 d. ou 2 c. 0 d. ; j'écris 0 au rang des dizaines et je retiens les 2 centaines ; 3 fois 5 c. font 15 c., et 2 de retenue font 17 cent. ou 1 mille 7 c. ; j'écris 7 au rang des centaines et 1 au rang des mille. Le produit de 567×3=1 701.

Multipliez par 2. 3, 4, 5, 6, 7, 8, 9 chacun des nombres : 463, 682, 508, 719, 834, 987, 925, 632, 748.

22. — Quel est le produit de 5 604×8 ?

```
 5 604
    ×8
------
44 832
```

Ecrivez comme ci-devant et dites : 8 fois 4 u. font 32 u. ou 3 d. 2 u. ; j'écris 2 u. et je retiens 3 diz. ; 8 fois 0, et 3 de retenue font 3 d., que j'écris au rang des diz. ; 8 fois 6 c. font 48 c. ou 4 m. 8 c. ; j'écris 8 et je retiens les 4 mille ; 8 fois 5 m., et 4 de retenue font 44 m., que j'écris à gauche des centaines. Ainsi le produit de 5 604×8=44 832.

Multipliez de la même manière par 2, 3, 4, 5, 6, 7, 8, 9 chacun des nombres : 1 342, 3 546, 4 085, 9 807, 8 654, 13 456, 98 075.

23. — *a*) Une famille dépense par an 2 956 fr. : combien au bout de 7 ans?

b) Combien y a-t-il de mètres dans 8 fois 7 hectom. 9 décam. 3 m.?

c) 9 personnes ont reçu chacune 23 fr. 75 cent. : combien ont-elles reçu en tout?

d) Un receveur de contributions perçoit chaque trimestre 2 345 fr. : à quelle somme se monte cette recette au bout de 3 (5, 7, 9 ans)?

24. — 10 fois 1 u.=1 diz. : combien de dizaines font 10 fois 2, 3, 6, 4, 8, 9 u.?

10 fois 1 d.=1 c. : ainsi combien de centaines dans 10 fois 2, 4, 6, 5, 7, 9, 8 diz.?

10 fois 1 c.=1 m. : donc combien de mille dans 10 fois 3, 5, 7, 2, 4, 6, 9, 8 centaines?

10 fois 1 m.=1 diz. de m. : combien de diz. de m. dans 10 fois 4, 3, 5, 7, 6, 9 mille?

10 fois 1 d. de m.=1 c. de m. : combien de c. de m. font 10 fois 3, 4, 6, 8, 7, 9 diz. de mille?

Ainsi que deviennent les unités, les dizaines,..... lorsqu'on les multiplie par 10?

Combien font 10 fois 7, 70, 90, 800, 3000, 60000?

25. — 10 fois 43=10 fois 4 d. 3 u.=4 c. 3 d.= 430.

Combien font 10 fois 13, 44, 75, 68, 87, 96?

10 fois 724=10 fois 7 c. 2 d. 4 u.=7 m. 2 c. 4 d.= 7 240.

Combien font 10 fois 342, 506, 875, 900, 999 ?

10 fois 2 548=10 fois 2 m. 5 c. 4 d. 8 u.=2 d. de m. 5 m. 4 c. 8 d.=25 480.

Combien font 10 fois 7 543, 8 145, 3 809? — Combien font 10 fois 72 243, 80 349?

26. — *a*) Quel est le prix de 10 mètres de drap à 15 fr. le mètre?

b) Un ouvrier gagne 30 c. par heure : combien pendant une journée de 10 heures? Cela fait combien de francs?

c) Combien de francs valent 10 fois 10, 20, 30, 50, 40, 70, 90, 100, 120, 230, 640 centimes?

d) Combien y a-t-il de mètres dans 10 fois 3, 5, 10, 40, 60, 80, 100, 140, 250, 630 décimètres?

e) Combien de litres dans 10 fois 10, 30, 60, 80, 100, 310, 720, 940 centilitres?

f) Combien de francs et centimes dans 10 fois 3 fr. 50, 4 fr. 75, 6 fr. 82, 9 fr. 99?

27. — 20 fois 24=10 fois 2 fois 24=10 fois 48=480.

Combien font 20 fois 13 ou 10 fois 2 fois 13?

Combien font 20 fois 32, 48, 143, 264, 369?

30 fois 56=10 fois 3 fois 56=10 fois 168=1680.

Combien font 30 fois 43, 73, 95, 147, 259, 487?

28. — Dites d'après ce qui précède, comment on multiplie facilement un nombre par 20, 30, 40, 50, 60, 70, 80, 90? — Multipliez par ces nombres chacun de ceux-ci: 8, 17, 34, 65, 82, 93, 130, 265, 468, 789.

29. — *a*) Dites le poids de 20 sacs de farine pesant chacun 136 kilog.?

b) Combien y a-t-il d'heures dans un mois de 30 jours?

c) Combien coûtent 40 kilog. de café à 1 fr. 65 le kilog.?

d) Quelle est en mètres la longueur d'une allée, bordée de chaque côté de 61 arbres distants de 3 m. 54 centim; sachant que les arbres se trouvent plantés jusqu'aux extrémités de l'allée?

30. — Combien font 100 fois 1 u.? 100 fois 1 d.? 100 fois 1 c.? 100 fois 1 m.?

Combien font 100 fois 3, 30, 7, 70, 90, 800, 500, 3 000, 6 000, 8 000?

Combien font 100 fois 83, 64, 38, 135, 472, 798, 2 146. 5 693?

Combien y a-t-il de fr. dans 100 fois 9, 18, 93, 136 centimes? — dans 100 fois 1 fr. 47? — Combien de mètres dans 100 fois 39, 71, 256 centim.? — dans 100 fois 3 m. 28 centim.?

Combien de litres dans 100 fois 6 litres 20 centil.?— dans 100 fois 3 lit. 75 centil.?

31. — 200 fois 43=100 fois 2 fois 43=100 fois 86 =8600. — Multipliez ainsi par 200, 300, 400, 500, 600, 700, 800, 900 chacun des nombres: 7, 26, 85, 136, 274, 321, 567, 798, 963.

Combien y a-t-il de mètres dans 600 fois 37 centim.? — dans 400 fois 2 m. 35 centim.? — Combien de litres dans 300 fois 6 lit. 90 centil.? dans 500 fois 9 lit. 84 centil.?

32. — *a*) 12 fois 34=10 fois 34+2 fois 34=34 d.+ 6 d. 8 u.=40 d. 8 u.=408. — Multipliez de même par 11, 12, 13, 14, 15, 16, 17, 18, 19 chacun des nombres 24, 53, 67, 81, 93, 124, 253, 467.

b) 19 fois 37=20 fois 37—1 fois 37=74 d.—3 d.7u. =70 d. 3 u.=703.

Combien font 19 fois 16, 28, 56, 75, 137, 264?

c) 12 fois 45=3 fois 4 fois 45=3 fois 180=540. — Multipliez ainsi 34, 78, 92, 163, 345 par chacun des nombres 12, 15, 24.

33. — Trouvez par écrit le produit de 426×30.

426
×30
12780

Dites: 30 fois 426 = 10 fois 3 fois 426. Je cherche d'abord le produit de 426×3; ce qui me donne 1 278 (voir N° 21); puis je multiplie ce résultat par 10 en écrivant un zéro à sa droite. Ainsi 30 fois 426=12 780.

Multipliez de cette manière 583, 809, 394, 2 547, 7 863 par chacun des nombres 20, 30, 40, 50, 60, 70, 80, 90.

34. — *a*) Quel est le prix de 80 hectolitres de froment à 29 fr. l'hectolitre ?

b) Dans un jardin, on compte 60 rangées de choux, chacune de 47 : combien cela fait-il de choux ?

c) Combien d'ardoises recouvrent un bâtiment si elles forment 70 rangées de 359 ardoises chacune ?

d) Combien aura-t-on de kilog. de tabac pour 800 fr. au prix de 1 fr. les 125 grammes ?

35. — Multipliez 863 par 75.

Comme 75=70+5, prenez le nombre 863 d'abord 5 fois, puis 70 fois ou 10 fois 7 fois, et additionnez les deux produits obtenus. Ecrivez ainsi :

```
   863
  ×75
  4 515 =5 fois le nombre 863
 60 410 =70 fois ou 10 fois 7 fois 863
 64 825 =75 fois le nombre 863
```

Multipliez ainsi chacun des nombres : 346, 508, 753, 972, 864 par 34, 67, 59, 83, 92.

36. — Cherchez le produit de 3 197×265.

Puisque 265=200+60+5, multipliez le nombre 3 197 d'abord par 5, puis par 60 et enfin par 200 : la somme des trois produits obtenus sera le produit demandé.

Disposez l'opération de cette manière :

```
  3 197
 × 265
 15 985  = 5 fois le nombre                3 197
191 820  = 60 fois ou 10 fois 6 fois       3 197
639 400. = 200 fois ou 100 fois 2 fois     3 197
847.205  = le produit total ou 265 fois    3 197
```

Multipliez de cette manière chacun des nombres 563 497, 608, 847, 1 207 par 394, 547, 732, 891.

37. — *a*) Une somme inconnue a été partagée également entre 256 personnes ; chacune a reçu 2 485 fr. : quelle est cette somme ?

b) Pour 1 fr. on a 465 grammes de sucre : combien de kilog. en obtient-on pour 134 fr. ?

c) Quel est le prix de 365 stères de bois, à 7 fr. 45 centimes le stère ?

d) Une fontaine donne 236 litres d'eau par heure : combien en un jour ? Et combien en une semaine ?

e) Un train parcourt 483 mètres par minute : combien parcourra-t-il pendant 256 minutes? Et combien en 4 heures 35 miuutes?

f) Un marchand a acheté 2 pièces de drap de chacune 25 m. 50 centim. à 16 fr. 35 cent. le mètre: quelle somme doit-il?

g) Quelle somme faudrait-il pour payer 8 ouvriers, qui auraient travaillé chacun pendant une semaine à 2 fr. 50 par jour?

h) Un menuisier achète 45 planches de 6 mètres 40 centim. de long; si le mètre coûte 1 fr. 35 cent. : que doit-il? Et que devrait-il de plus, si le mètre coûtait 1 fr. 85?

§ V. Division.

38. — Cherchez le quotient de 973 divisé par 7.

Ecrivez ainsi : 973 : 7=139. — Preuve : 139×7=973.

Dites : La septième partie de 9 centaines contient 1 c., que j'écris à droite du signe =, et il reste 9—7 ou 2 c, non encore partagées, ces 2 c.+7 d.=27 d., dont la $\frac{1}{7}$ contient 3 d., que j'écris à droite de 1 c., et il reste 27—3 fois 7=27—21 ou 6 d., non encore partagées; ces 6 d.+3 u.=63 u., dont la $\frac{1}{7}$ égale 9 u., que je place à droite de 3 d.. Ainsi : 973:7=139. Comme 139 ×7=973, le calcul est juste.

Raisonnez de même pour trouver le quotient de

726, 902, 874, 1 052, 1 296, 1 308, 1 704, 1 790 :2
591, 765, 945, 1 080, 1 314, 1 617, 1 791, 1 953 :3
708, 532, 764, 1 396, 1 456, 1 880, 1 960, 2 336 :4
845, 790, 985, 1 460, 1 705, 2 405, 3 295, 4 700 :5
942, 936, 870, 1 716, 1 944, 2 802, 4 014, 5 202 :6
525, 686, 980, 1 281, 2 464, 3 738, 4 599, 5 831 :7
664, 728, 960, 2 600, 2 776, 4 056, 4 342, 7 920 :8
702, 846, 891, 3 402, 4 563, 5 112, 7 137, 8 361 :9

39. — Trouvez le quotient de 43 256:8.

Ecrivez 43 256:8=5 407. — Preuve : 5 407×8=43 256.

Dites : La $\frac{1}{8}$ de 4 diz. de mille ne contient pas de diz. de mille;

4 d. de mille+3 mille=43 mille, dont la $\frac{1}{8}$ contient 5 m., que j'écris à droite du signe=, et il reste 43—8 fois 5=43—40 ou 3 mille non encore partagés; ces 3 m.+2 c.=32 c., dont la $\frac{1}{8}$ égale 4 c., que j'écris à droite des 5 m.; la $\frac{1}{8}$ de 5 d. ne contenant pas de diz., je place 0 à droite des 4 c.; ces 5 d. non encore partagées+6 u.=56, u. dont la $\frac{1}{8}$ égale 7 u., que j'écris au rang des unités. Ainsi la huitième partie de 43 256=5 407.

Raisonnez de cette manière les divisions suivantes:

159 320:4	78 924:6	189 805:7	863 145:9
251 390:5	93 522:7	430 432:8	936 513:9.

40. — *a)* Une famille a dépensé pendant 7 ans la somme de 27 992 fr.: quelle a été sa dépense moyenne par an?

b) 33 fr. 75 cent. ont été partagés également entre 9 pauvres: combien chacun a-t-il reçu?

c) La longueur de chaque côté d'un champ carré est la $\frac{1}{8}$ de 14 kilom. 3 hectom. 4 décam. 4 mètres: quelle est cette longueur? Et quelle est celle du contour de ce champ?

41. — De 10 pommes faites 10 parts égales: quelle est chaque part?

Quelle est donc la dixième partie de 10 u. ou de 1 d.? — de 3 d.? — de 6, 8, 9 diz.? — de 3, 5, 7, 9 centaines? — de 4, 6, 8 mille? — de 2, 5, 8 dizaines de mille? — de 3, 4, 6, 9 centaines de mille?

Quelle est la $\frac{1}{10}$ de 30, 50, 300, 600, 900, 8 000, de 230, 460, 750, 1 250, 5 640, 13 780, 561 890?

Ainsi quelle est la $\frac{1}{10}$ d'un nombre quelconque de dizaines?

Quelle est chacune des 10 parts égales qui composent 120 noix? ou 50 billes? ou 80 prunes? ou 350 fr.?

42. — *a)* La $\frac{1}{10}$ d'un franc étant un décime, combien de décimes fait la 10e partie de 2, de 8, 15, 40, 562 fr.

b) La $\frac{1}{10}$ d'un décime valant 1 centime, combien y a-t-il de centimes dans la 10e partie de 7, 20, 68, 204 décimes?

c) La $\frac{1}{10}$ d'un mètre égale 1 décim.: combien de décimètres fait la $\frac{1}{10}$ de 3, 10, 42, 93, 102 mètres?

d) La $\frac{1}{10}$ d'un décimètre égale 1 centimètre : combien y a-t-il de centimètres dans la $\frac{1}{10}$ de 6, 25, 70, 590 décimètres ?

43. — De 40 noix, on fait 10 parts égales, et de chaque part obtenue, on fait encore 2 parts égales : cela fait combien de parts en tout ? Et quelle est chaque part ?

Ainsi comment obtient-on la vingtième partie (la $\frac{1}{20}$) de 40, 80, 160, 180, 540 ?

Quelle est la $\frac{1}{10}$ de 360 ? et la $\frac{1}{2}$ de cette partie ? Cela fait quelle partie de 360 ?

Quelle est la $\frac{1}{2}$ de la $\frac{1}{10}$ de 140 ? Cela fait quelle partie de 140 ?

Quel est le $\frac{1}{3}$ de la $\frac{1}{10}$ de 180 ? Cela fait quelle partie de 180 ? Trouvez les résultats suivants ?

La $\frac{1}{20}$ de 240, 380, 1 560 ;	la $\frac{1}{60}$ de 600, 840, 3 540 ;
la $\frac{1}{30}$ de 420, 630, 1 710 ;	la $\frac{1}{70}$ de 910, 980, 1 490 ;
la $\frac{1}{40}$ de 520, 760, 1 520 ;	la $\frac{1}{80}$ de 720, 960, 4 320 ;
la $\frac{1}{50}$ de 750, 950, 1 600 ;	la $\frac{1}{90}$ de 900, 720, 3 240.

44. — *a*) 50 sacs de froment pèsent 7100 kilogr. : quel est le pois d'un sac ?

b) Quelqu'un possède 520 fr. : s'il dépense 40 fr. par mois, pour combien de mois aura-t-il à dépenser ?

c) Quel nombre de mètres faut-il multiplier par 70 pour avoir 6 kilom. 5 hectom. 1 décam. ?

d) Lorque 20 mètres de drap coûtent 5 268 fr. : dites le prix de 73 mètres ?

e) Un écolier dépense pour ses effets classiques 3 fr. 60 c. dans un mois de 30 jours : quelle est sa dépense moyenne, 1° par jour ? 2° par an ?

45. — *a*) De 300 noix, on fait 10 parts égales, et ensuite de chaque part, encore 10 parts égales : cela fait combien de parts en tout ? Et combien de noix dans chaque part ? Chacune de ces parts fait quelle partie des 300 noix ?

b) Quelle est la centième partie (la $\frac{1}{100}$) de 1 centaine, de 2, 4, 9, 34, 143, 562 centaines ? — de 300 unités, de 708, 1 800, 3 900, 24 800 ?

c) Combien d'unités fait donc la $\frac{1}{100}$ d'un nombre quelconque de centaines ?

d) Cent mètres de drap coûtent 1 200 fr. : dites le prix du mètre ?

e) Combien de centimètres fait la $\frac{1}{100}$ de 5, 46, 369, 1 230 mètres.

46.— De la $\frac{1}{100}$ de 2 600, prenez la $\frac{1}{2}$ et dites quelle partie le résultat obtenu est de 2 600 ? — Quelle est donc la $\frac{1}{200}$ de 2 600 ?

Quelle est la $\frac{1}{200}$ de 1 800 ? Comment la trouvez-vous ? — Prenez de la même manière :

La $\frac{1}{200}$ de 15 600, 31 800	la $\frac{1}{500}$ de 2 500, 23 000	la $\frac{1}{800}$ de 6 400
la $\frac{1}{300}$ de 5 400, 26 100	la $\frac{1}{600}$ de 2 400, 12 600	la $\frac{1}{900}$ de 16 200
la $\frac{1}{400}$ de 9 600, 17 600	la $\frac{1}{700}$ de 8 400, 15 400	la $\frac{1}{900}$ de 87 300

47.— *a*) Cherchez la $\frac{1}{200}$ de (3 657 — 1 257) ?

b) Trouvez la somme de la $\frac{1}{300}$ plus la $\frac{1}{700}$ de 60 fois 350 ?

c) Quelqu'un a acheté 800 mètres de planches pour 480 fr. : combien a-t-il payé 1° les 100 m. ? 2° le mètre ?

d) Un marchand de houille en vend à un maréchal ferrant 900 kil. pour 180 fr. : combien gagne-t-il 1° sur le kilog ; 2° sur le tout, supposant que le kilog. lui a coûté 17 centimes ?

48.— Combien fait chacune des 13 parts égales qui composent le nombre 91 ?

Dites : Chacune de ces parts n'est pas plus grande que la $\frac{1}{10}$ de 90, qui est 9 ; j'essaie si chaque part peut être 9 ; 13 fois 9=117, nombre plus grand que 91 ; ainsi une part ne peut être 9 ; j'essaie si c'est 8 ; 13 fois 8=104, nombre plus grand que 91 ; donc une part doit être plus petite que 8 ; j'essaie si c'est 7 ; 13 fois 7=91 ; chacune des 13 parties égales de 91 est donc 7.

Cherchez la 17me partie de 85.

q La 17me partie de 85 ne peut être plus petite que la $\frac{1}{20}$ de 80 ui est 4 ; j'essaie si elle peut être 4 ; 17 fois 4=68, nombre plus petit que 85 ; ainsi la $\frac{1}{17}$ partie de 85 est plus grande que 4 ; j'essaie si elle est 5 ; 17 fois 5=85 ; donc la $\frac{1}{17}$ partie de 85=5.

Cherchez de la même manière :

$\frac{1}{11}$ de 33, 55, 88	$\frac{1}{14}$ de 56, 90, 126	$\frac{1}{17}$ de 68, 102, 156.
$\frac{1}{12}$ de 60, 48, 96	$\frac{1}{15}$ de 75, 105, 120	$\frac{1}{18}$ de 90, 144, 162.
$\frac{1}{13}$ de 52, 78, 117	$\frac{1}{16}$ de 48, 112, 144	$\frac{1}{19}$ de 76, 114, 171.

49. — *a*) Lorsque 14 cahiers coûtent 1 fr. 12 cent., quel est le prix d'un seul ?

b) Un pensionnaire paie 126 fr pour 18 semaines de pension : combien cela fait-il 1° pour une semaine ? 2° pour un jour ?

c) Quelle peut-être la dépense journalière d'un ouvrier qui gagne en 19 jours 152 fr., s'il veut que son épargne égale sa dépense ?

d) Après avoir ôté la $\frac{1}{18}$ d'un nombre, il me reste 153 : quel est ce nombre ?

50.— Combien de fois 13 est-il contenu en 91 ?

Pas plus de fois que 10 en 90 ; c'est-à dire pas plus de 9 fois ; en essayant si c'est 9 fois, ou 8 fois, ou 7 fois, je vois que c'est 7 fois ; car 7 fois 13=91.

Combien 17 est-il contenu de fois en 85 ?

Pas moins de fois que 20 en 80 ou 4 fois ; en essayant, si c'est 4 fois ou 5 fois, je reconnais que 5 fois 17=85, et qu'ainsi 17 est contenu 5 fois en 85.

Combien de fois est contenu :

11 en 66, 99, 121 ?	14 en 70, 84, 108 ?	17 en 51, 85, 153 ?
12 en 72, 60, 108 ?	15 en 90, 60, 135 ?	18 en 72, 90, 144 ?
13 en 78, 52, 117 ?	16 en 96, 80, 128 ?	19 en 95, 133, 171 ?

51. — *a*) Pour 112 fr. on a eu 16 kilog. d'une marchandise : que coûte le kil. ?

b) Combien peut-on avoir de cahiers pour 1 fr. 26 cent., si le cahier coûte 14 centimes ?

c) En combien de parties égales doit-on partager la somme de 98+83, pour que chaque partie égale 89—72 ?

d) Combien de fois la 7e partie de 105 est-elle contenue en 135 ?

e) Un maçon reçoit pour la construction d'un mur la somme de 162 fr. : combien de semaines y a-t-il travaillé s'il a gagné 3 fr. par jour ?

52. — *a*) Divisez 344 par 43.

Le quotient ne peut être plus grand que la 40e partie de 340 qui est au plus 8 ; en essayant 8, on voit que 43 fois 8=344 : le quotient de 344 par 43 est 8.

b) **Divisez encore 329 par 47.**

Le quotient ne peut être plus petit que celui de 320 par 50; on reconnaît que 6 est trop petit et que 7 est le quotient demandé; car 47 fois 7=329.

Divisez de la même manière chacun des nombres 69, 115, 184 par 23 ; 152, 228 par 38 ; 210; 294, 378 par 42 ; 179, 413, 531 par 59 ; 639, 284, 426 par 71 ; 420, 588, 336 par 84.

Combien font : 69 en 483 ? 87 en 696 ? 56 en 168 ? 38 en 114 ? 82 en 492 ?

51. — La dixième partie d'un nombre quelconque de dizaines égale ce nombre d'unités. Ainsi la $\frac{1}{10}$ de 46 diz. ou 460=46 ; donc pour diviser par 10 un nombre écrit ne contenant pas d'unités simples, il suffit de supprimer le zéro qui le termine.

Divisez par 10 chacun des nombres : 80, 440, 3 690, 2 500, 36 000, 120 000.

52. — La $\frac{1}{10}$ de 463 ou 460+3=46 et il reste 3 unités non partagées.

Divisez par 10 les nombres : 75, 409, 1 356, 23 445.

53. — Le quotient de 75 030 : 30=2 501.

Divisez d'abord le nombre par 10, puis le quotient 7 503 par 3 et vous trouverez 2 501 pour le quotient cherché.

Divisez ainsi chacun des nombres 65 520 et 75 680 par 20, 30, 40, 60, 70, 80, 90.

54. — Cherchez le quotient de 2 379 par 13, c'est-à-dire la $\frac{1}{13}$ de 2 379, ou encore combien ce nombre contient de fois 13.

Écrivez comme suit :

```
2 379 | 13          Preuve:
1 3   |----            183
-----   183          × 13
 1 07                 ----
 1 04                  549
 ----                1 83
   39                -----
   39                2 379
   --
    0
```

Dites : La 13e partie de 2 mille ne contient pas de mille; la $\frac{1}{13}$ de 2 m.+3 centaines ou de 23 centaines contient 1 c. (que j'écris au quotient) et il reste 23—13 ou 10 centaines, non encore partagées; 10 centaines ou 100 diz.+7 dizaines=107 diz., dont la $\frac{1}{13}$ contient au plus 8 diz. (que j'écris au quotient) et il reste 107—13 fois 8 =107—104 ou 3 dizaines, non encore partagées; 3 diz. ou 30 unités+9 u.=39 u., dont la 13ᵉ partie=3 unités. Donc 2 379 : 13=183.

Raisonnez de la même manière pour trouver le quotient de:

1 023:11	944:12	2 366:13	1 260:15	4 760:17
1 683:11	3 696:12	1 386:14	8 656:16	2 946:19

55. — Trouver le quotient de 31 605:43.

Ecrivez comme ci-dessous :

```
31 605 | 43          Preuve:
30 1   |------         735
-----  | 735          × 43
 1 50                 -----
 1 29                 2 205
 -----               29 40
   215               ------
   215               31 605
   ---
    0
```

Dites : La 43ᵉ partie de 3 diz. de mille ne contient pas de diz. de mille ; la 43ᵉ partie de 3 d. de mille+1 mille ou 31 mille ne contient pas de mille ; la $\frac{1}{43}$ de 31 mille+6 centaines ou 316 centaines contient 7 centaines (que j'écris au quotient), et il reste 316—(43 fois 7)=316—301 ou 15 centaines, non encore partagées ; 15 centaines=150 diz. dont la $\frac{1}{43}$ contient 3 diz. (que j'écris au quotient), et il reste 150—(43 fois 3)=150—129 ou 21 diz., non encore partagées ; 21 diz.+5 unités=215 unités, dont la $\frac{1}{43}$=5 unités. Donc 31 605 : 43=735.

Raisonnez de même pour effectuer les divisions suivantes :

15 732:36	40 238:59	39 960:54	15 876:81
24 432:48	44 415:63	38 684:76	36 576:96.

56. — *a*) Un livre de 60 pages a 2 340 lignes : combien chaque page contient-elle de lignes ?

b) Un voyageur a fait 703 kilom. en 19 jours : combien gagne-t-il par jour, si on lui donne 12 centimes par kilom. ?

c) Si pour 2 hectolitres de pois on paie 74 fr. : combien d'hectolitres peut-on en avoir pour la somme de 27 750 fr. ?

d) Un propriétaire voulut planter quelques rangées d'arbres. Il en avait 2 880 ; combien de rangées pouvait-il faire, si chacune devait contenir 36 arbres ? Et combien lui aurait-il encore fallu d'arbres pour faire en tout 96 rangées ?

e) Quelqu'un, après avoir dépensé la 35ᵉ partie de

son argent, possédait encore 612 fr. : combien avait-il avant la dépense?

f) Je pense un nombre. Si vous le multipliez par 37 et que vous ajoutez 64 au produit, vous aurez 11 210 : quel est ce nombre?

g) Après que les 3 fils de monsieur B eurent compté leurs bons points, Alfred dit : « j'en ai 16 fois autant que mon frère Jules; et moi, répartit Emile, j'en ai 21 fois autant. » Combien Jules avait-il de bons points, si les deux autres en avaient ensemble 4 107, et combien Emile en avait-il de plus qu'Alfred?

§ VI. Remarques sur la multiplication et sur la division par 5, 15, 25, 50, 75.

1. — 5 fois une unité=la moitié d'une dizaine, donc 5 fois 8 unités=la $\frac{1}{2}$ de 8 d.=4 d.=40 u.; 5 fois 19 u.=la $\frac{1}{2}$ de 19 d.=9 d. 5 u.=95 u.; 5 fois 127=la $\frac{1}{2}$ de 127 d.=63 d. 5 u.=635.

Multipliez ainsi par 5 chacun des nombres suivants : 6, 14, 17, 28, 31, 42, 69, 74, 81, 104, 147, 268, 393, 787.

2.—*a*) Un mètre d'une étoffe revient à 1 fr. 43 cent.: combien paierait-on pour 5 mètres de cette étoffe?

Dites : Pour 5 mètres au prix 1 fr. 43 c. ou 143 cent. le mètre, on paierait 5 fois 143 cent., ce qui fait la $\frac{1}{2}$ de 143 décimes=71 décimes 5 cent.=7 fr. 15 c..

b) Cherchez de même le prix de 5 mètres de drap à 2 fr. 58 c. (ou à 3 fr. 40, à 5 fr. 75, à 7 fr. 84, à 10 fr. 25, à 14 fr. 55) le mètre.

3. — *a*) La cinquième partie d'*une* dizaine=2 fois *une* unité; ainsi la $\frac{1}{5}$ de 90 u. ou 9 diz.=2 fois 9 u.=18; la $\frac{1}{5}$ de 240 u. ou 24 d.=2 fois 24 u.=48; la $\frac{1}{5}$ de 2 450 u, ou 245 d.=2 fois 245 u.=490.

Divisez de la même manière par 5 chacun des nombres : 70, 90, 110, 250, 320, 730, 980, 1 260, 40 690.

b) La $\frac{1}{5}$ de 85=la $\frac{1}{5}$ de 80+la $\frac{1}{5}$ de 5=2 fois 8+1=17; 135 : 5=130 : 5+5 : 5=2 fois 13 u.+1 u.=27.

Remarquez qu'on divise d'abord les dizaines, puis les unités, par 5.

Divisez de même par 5 chacun des nombres: 65, 125, 215, 445, 815, 975, 1 355, 9 465, 46 295.

4. — *a*) Pour 5 kilogr. de beurre on a payé 8 fr. 65 cent.: quel est le prix du kilogr.?

Dites: Le prix du kilogr.=la $\frac{1}{5}$ de 8 fr. 65 ou de 865 cent.=2 fois 86+1 cent.=173 cent.=1 fr. 73 cent.

b) Lorsque 5 kilogr. de marchandise coûtent 6 fr. 45 (ou 7 fr. 30, 12 fr. 35, 17 fr. 75, 23 fr. 85) quel est le prix du kilogr.?

5. — 15 fois 18=3 fois 5 fois 18=3 fois la $\frac{1}{2}$ de 18 d.=27 d.= 270 u; 15 fois 61=3 fois la $\frac{1}{2}$ de 61 d.=3 fois 30 d. 5 u.=91 d. 5 u.=915.

Multipliez de même par 15 chacun des nombres: 14, 27, 36, 45, 64, 71, 89, 93, 112, 436, 639.

6. — *a*) Si un ouvrier gagne chaque semaine 9 fr. (ou 12 fr., 15 fr., 17 fr., 10 fr. 40, 13 fr. 60) combien gagnera-t-il en 15 semaines?

b) Après avoir multiplié un nombre par 5, puis divisé le produit par 15, on a trouvé 83: quel est ce nombre?

7. — La 15me partie de 435=le $\frac{1}{5}$ de la $\frac{1}{3}$ de 435=le $\frac{1}{5}$ de 87=29.

Divisez ainsi par 15 chacun des nombres: 615, 720, 825, 915, 975, 1 035, 1 350, 2 205.

8. — *a*) Une famille riche donna pendant les jours d'une neuvaine l'aumône à 15 pauvres; elle leur donna à tous ensemble le 1er jour 7 fr. 50; le 2e, 6 fr. 60; le 3e, 8 fr. 70; le 4e, 5 fr. 85; le 5e, 9 fr. 15; le 6e, 7 fr. 05; le 7e, 8 fr. 40; le 8e, 12 fr. 65; le 9e, 19 fr. 35. On demande: 1° que reçut un seul pauvre chaque jour de la neuvaine? 2° quelle est l'aumône totale? 3° combien chaque pauvre reçut-il en tout?

b) Deux courriers éloignés de 345 kilom. se dirigent l'un vers l'autre d'un mouvement uniforme; l'un fait

8 kilom. à l'heure, l'autre en fait 7 : à quelle distance des deux points de départ se rencontrent-ils ?

9. — 25 fois *une* unité=le $\frac{1}{4}$ d'*une* centaine=25; donc 25 fois 8 u.=le $\frac{1}{4}$ de 8 centaines=2 cent.=200; 25 fois 9 u.=le $\frac{1}{4}$ de 9 cent.=le $\frac{1}{4}$ de 8 cent.+le $\frac{1}{4}$ de 1 cent.=2 cent+25 u.=225; 25 fois 15 u.=le $\frac{1}{4}$ de 12 cent.+3 fois le $\frac{1}{4}$ de 1 cent.=3 cent.+75 u.= 375.

Multipliez ainsi par 25 les nombres suivants :

12, 14, 32, 52, 73, 63, 69, 93, 87, 124, 213, 427.

10. — *a*) Un copiste écrit 17 pages par jour : combien en écrira-t-il en 25 jours ?

b) Dans une famille, le père gagne par jour 2 fr. 50, la mère 1 fr. 60, et le fils 1 fr. 85 : combien chacun gagne-t-il en un mois ou 25 jours, et quelle somme peuvent-ils mettre dans la caisse d'épargnes, si leur dépense totale se monte à 85 fr. ?

11. — La 25me partie d'*une* centaine=4 fois *une* unité=4 ; par conséquent la $\frac{1}{25}$ de 700 ou 7 centaines=4 fois 7 u.=28 ; la $\frac{1}{25}$ de 775=la $\frac{1}{25}$ de 700+la $\frac{1}{25}$ de 75 =28+3=31.

Divisez par 25 les nombres : 1 500, 6 400, 8 100, 12 200, 850, 925, 1 375, 2 475, 12 025, 64 450.

12. — *a*) On a payé 23 fr. 75 pour 25 litres de vin : dites le prix du litre.

b) Un ouvrier est chargé de placer 52 réverbères aux deux côtés d'un boulevard de 2 350 mètres de long : à quelle distance doit-il les mettre, sachant qu'il devra s'en trouver deux à chaque extrémité du boulevard ?

13. — 50 fois 1 unité=la $\frac{1}{2}$ de 1 centaine ; donc 50 fois 6 u.=la $\frac{1}{2}$ de 6 c.=3 c.=300 ; 50 fois 23 u.= la $\frac{1}{2}$ de 23 c.=11 cent. 50 u.=1 150.

Multipliez de même par 50 les nombres : 12, 17, 23, 56, 81, 98, 103, 456, 999, 1 340.

14. — *a*) Quel est le prix de 50 objets, si un seul coûte 65 centimes (ou 1 fr. 30, 2 fr. 50, 4 fr. 75) ?

b) Si vous ôtez de 25 fois 34 le quotient de 3 260 : 5, vous aurez la 50me partie du nombre auquel je pense : quel est ce nombre ?

15. — Puisque la 50me partie de 1 centaine=2 fois 1 unité, il résulte : que la $\frac{1}{50}$ de 8 c.=2 fois 8 u.=16 ; que la $\frac{1}{50}$ de 850=2 fois 8 u.+1 u.=17 ; etc.

Divisez ainsi par 50 chacun des nombres : 300, 450, 950, 1 200, 1 550, 2 600, 5 650, 24 200, 136 650.

16. — *a*) 50 ouvriers ont creusé un fossé de 2 450 mètres, pour la somme de 3 650 fr. : combien de mètres chaque ouvrier a-t-il creusés, et quelle somme a-t-il reçue ?

b) Un fermier vendit d'abord 67 sacs d'avoine, puis encore 17 sacs au même prix : ayant reçu la seconde fois 750 fr de moins que la première, combien a-t-il vendu le sac et quelle somme a-t-il reçue pour toute son avoine ?

17. — 75 fois 1 u.=3 fois 25 fois 1 u.=3 fois le $\frac{1}{4}$ de 1 centaine ; donc 75 fois 7=3 fois le $\frac{1}{4}$ de 7 cent.= 3 fois 175=525.

Multipliez par 75 les nombres : 8, 13, 64, 75, 137.

18. — *a*) Quel est le prix de 75 cabas de figues à 5 fr. (ou à 5 fr. 40, à 6 fr. 20, à 6 fr. 50, à 7 fr. 10) le cabas ?

b) Guillaume a acheté une première fois 75 litres de pétrole à 58 cent. le litre, et une deuxième fois, 50 litres à 7 fr. 95 les 15 litres : combien a-t-il déboursé en tout ?

19. — La 75e partie d'un nombre=le $\frac{1}{3}$ de la $\frac{1}{25}$ du même nombre ; ainsi la $\frac{1}{75}$ de 225=le $\frac{1}{3}$ de la $\frac{1}{25}$ de 225 =le $\frac{1}{3}$ de 9=3.

Divisez par 75 chacun des nombres : 300, 750, 825, 975, 1 650, 2 925, 3 750, 13 500.

20. — *a*) 75 litres d'huile coûtent 67 fr. 50 (69 fr., 65 fr. 25, 72 fr. 75) : quel est le prix du litre ?

b) Alphonse a 3 sortes de café : du Moka à 47 fr. 50 les 25 kilog. du Brésil à 24 fr. les 15 kilog., et du Java à 135 fr. les 75 kilog. : quel est le prix du kilogr. de chaque sorte?

c) Un père, sollicité par ses deux fils de leur donner un problème à résoudre mentalement, dit : « Si au produit de 92×50 vous ajoutez la différence entre 41×25 et 45×15, vous aurez 75 fois le nombre de mes années : quel est mon âge? »

§ VII. Problèmes de Récapitulation.

1. — Léopold I est mort en 1865, après un règne de 34 ans. On demande : 1° l'année de son couronnement; 2° celle de sa naissance, sachant que lorsqu'il est monté sur le trône, il avait 7 ans de plus qu'il n'a régné?

2. — Moïse est né, d'après plusieurs historiens, l'an du monde 2 433; David est mort l'an 1 005 avant J.-C. et Charlemagne en 814. Combien s'est-il écoulé d'années : 1° depuis la naissance de Moïse jusqu'à la mort de David? 2° depuis la mort de Moïse jusqu'à celle de Charlemagne, sachant que le premier a vécu 120 ans.

3. — En augmentant un nombre de 845, il surpasse 2 494 de 237 : quel est ce nombre?

4. — Un copiste écrit chaque jour 15 pages, chaque page contient 23 lignes, et chaque ligne 68 lettres : combien fait-il de lettres par jour?

5. — Un homme dort 8 heures par jour : combien d'heures dort-il dans un an, et combien d'heures veille-t-il?

6. — Combien de mètres d'ouvrage 5 ouvriers feront-ils en 7 jours, lorsque 4 ouvriers en font 60 en 3 jours?

7. — Un marchand avait acheté trois pièces de drap pour la somme de 1 280 fr.; la première pièce contenait 24 mètres, et la deuxième 30; chaque mètre avait coûté 16 fr. : combien de mètres la troisième pièce contenait-elle?

8. — On a obtenu 6 fr. de remise sur le prix de 5 douzaines de couteaux à 18 fr. la douzaine : à combien revient chaque couteau?

9. — Un marchand de drap en a acheté deux ballots de 45 mètres chacun. S'il n'avait pas marchandé 65 centimes sur chaque mètre, il aurait dû payer pour le tout 1 395 fr. : combien a-t-il payé : 1° le mètre? 2° tout le drap?

10. — A quelle heure un train de grande vitesse qui fait 8 lieues à l'heure, doit-il partir de Namur, pour arriver à Bruxelles 20 minutes après un train ordinaire qui part de Namur à 1 h. 20 et qui fait 6 lieues à l'heure, sachant qu'on compte 12 lieues de Namur à Bruxelles.

11. — Un train express part de Liége à 6 heures 45 minutes du soir : à quelle heure arrivera-t-il à Paris, s'il lui faut 9 heures pour faire le trajet, et quelle distance y a-t-il de Liége à Paris, sachant qu'il fait 48 kilom. à l'heure?

12. — Un homme charitable a partagé la somme de 800 fr. entre 3 familles pauvres, de manière que la 1re a eu 50 fr. de plus que la 2e, et celle-ci 70 fr. de plus que la 3e : quelle est la part de chacune?

13. — Un ouvrier vient de vendre de la soie pour 825 fr.; s'il l'eût vendue 68 fr. plus cher, il aurait gagné 327 fr. : combien a-t-il payé la soie?

14. — Quelqu'un a acheté un certain nombre de kilogr. de café pour 95 fr. 50. En gagnant sur chaque kilogr. 18 centimes, il fait un bénéfice total de 7 fr. 65 cent. : combien avait-il payé le kilogr.?

15. — On a acheté du drap à 108 fr. les 9 mètres; on l'a revendu à 75 fr. les 5 mètres; la vente totale ayant produit 111 fr. de bénéfice, on demande le montant de cette vente?

16. — Deux bouchers ayant loué le pré d'un fermier, y envoyèrent paître, l'un 43 moutons, l'autre

32. Pour le pâturage, ils avaient à payer ensemble 15 fr. 75 : combien chacun devait-il payer ?

17. — Un ouvrier gagne 2 fr. 50 par jour : combien peut-il dépenser journellement s'il veut économiser 215 fr. par an, et se reposer les dimanches et 8 jours de fête ?

18. — Emile dit à Alfred : « Si j'étais 4 fois plus âgé que je ne le suis, j'aurais 3 fois la $\frac{1}{5}$ de 10 ans de moins que mon père, qui compte justement 6 fois le $\frac{1}{4}$ de 36 ans, moins 4 ans. Quel est l'âge de mon père et le mien ? »

19. — Le grand-père, le père et le fils d'une famille ont ensemble 130 ans : quel est l'âge de chacun, sachant que le père a 3 fois l'âge du fils et que le grand-père a le double de l'âge du père ?

20. — Une dame ayant donné à un tisserand 32 kil de fil, celui-ci promit de lui faire 13 mètres de toile avec 2 kilog. de fil. Pour le tissage elle lui donna 19 centimes par mètre : quel fut le gain du tisserand ?

21. — Jean et Paul ont ensemble 64 bons points ; Jean et Edouard en ont ensemble 82 ; Paul et Edouard en ont ensemble 10 fois la $\frac{1}{8}$ de 56 : quel est le nombre des bons points de chacun ?

22. — Un marchand d'œufs en achète 15 douzaines à 72 centimes la douzaine. En les transportant il casse 6 œufs : à quel prix doit-il revendre ceux qui lui restent, pour faire un bénéfice total de 3 fr. 60 c. ?

23. — Un marchand de vin en a 125 litres à 1 fr. 20 c. le litre, et 75 litres à 1 fr. 32 c. le litre, dont il fait un mélange : combien doit-il vendre le litre de ce mélange pour gagner 41 fr. sur le tout ?

24. — Deux marchands de grains achètent ensemble un tas de froment. L'un en prend la moitié plus 34 hectolitres pour la somme de 3 838 fr. ; l'autre prend le reste et paie 2 223 fr. : quelle quantité de froment chacun reçoit-il ?

25. — Un maître dit à ses élèves : « Si j'avais 6 ans de moins, j'aurais 3 fois l'âge de Joseph ; nous avons ensemble 46 ans : quel âge avons-nous chacun ? »

26. — Une personne achète des poules pour 56 fr. ; elle les revend 77 fr., et gagne à ce marché 3 fr, 60 c. par douzaine. Combien a-t-elle acheté de poules et à quel prix ?

27. — La somme de 2 nombres est 70 ; le plus petit égale 3 fois la différence. Quels sont ces deux nombres ?

28. — Auguste acheta 20 pommes et en paya autant passé 48 centimes que le prix de la douzaine aurait dépassé 24 centimes : qu'a-t-il déboursé ?

29. — Un boulanger vendit en une journée pour 180 fr. de pain. Chaque fois qu'il vendait 3 pains bis, de 4 kilog. chacun à 18 cent. le kilog., il vendait 2 pains blancs de 3 kilog. chacun à 25 cent. le kilog. : combien de pains de chaque espèce a-t-il vendus ?

30. — Ferdinand, fils d'un libraire, remit à son père ses épargnes, se montant à 75 centimes, en le priant de lui donner une grammaire. Le père dit à l'enfant : « Si je vendais chaque grammaire 75 centimes, je retirerais de toutes celles que j'ai enmagasin 112 fr. 50 c. ; cependant au prix de vente, je ne dois en retirer que 67 fr. 50 c. : combien dois-je vous rendre ? »

31. — Jean a 5 oranges, André en a 4 et Antoine 6. Ils conviennent avec leur frère Michel de les manger, à la condition cependant que Michel donne 30 centimes pour sa quote-part à ses trois frères. Comment ceux-ci doivent-ils se partager cet argent ?

www.ingramcontent.com/pod-product-compliance
Ingram Content Group UK Ltd.
Pitfield, Milton Keynes, MK11 3LW, UK
UKHW020207200726
13856UKWH00003B/1240

9 782011 263452